Zu diesem Buch

Melanie: «Ingo kann seinen Pimmel rauf und runter bewegen, wenn er will. Das sieht witzig aus, kannst du das auch?» Jan: «Nee.» Melanie: «Versuch das doch mal, ist doch nichts dabei, oder?» Schulkinder unterhalten sich nachmittags beim Nachhausefahren.

«Ich finde, es hat viel mit Sexualität zu tun, wenn mein Kind mit mir schmust oder wenn es nachts zu mir gekrabbelt kommt und sich ankuschelt.» Das ist die Meinung einer Mutter, als es auf einem Elternabend um die Sexualität der Kinder geht.

Sexualität ist auch «Pimmel» und «Möse», aber nicht nur. Wenn wir unserem Kind den Po eincremen, mit ihm baden; wenn es nackt durch die Gegend krabbelt, wenn es tobt oder kuschelt: Immer können auch sexuelle Bedürfnisse im Spiel sein.

Sexualerziehung hat viel zu tun mit dem, was wir Erwachsene den Kindern vorleben an Umgang mit unserem Körper, Beziehung zum Partner, Gefühl und Zuwendung. Deshalb hat die Autorin aus ihrer langjährigen Praxis als Erzieherin auch Spiele für alle Sinne zusammengestellt. Mit dem ganzen Körper läßt sich vieles erleben, um empfänglich für Zärtlichkeit, Sexualität und Liebe zu werden.

Die Autorin spart Kontroversen nicht aus, etwa über Pornographie und Gewalt. Und sie erörtert lebensnah und offen die «Schlafzimmerfrage», den Umgang mit «verbotenen» Wörtern, aber auch sexuellen Mißbrauch und das Thema Aids.

Dies ist ein Aufklärungsbuch für Eltern kleiner und auch größerer Kinder, das oft überraschende Problemlösungen bietet und mit seiner unverkrampften Sprache Sexualität als Quelle von Lebensfreude neu erschließt.

HEIDI KAISER, geb. 1951, gehört zur 68er Generation und arbeitet seit 1971 als Sozialpädagogin u.a. in einem selbstverwalteten Kinderhaus. Ihre Kinder wurden 1979 und 1988 geboren.

Anregungen und Kritik bitte an folgende Adresse:
Büro für wissenschaftliche Publizistik Dr. Horst Speichert,
Emanuel-Geibel-Str. 18, 6200 Wiesbaden

Heidi Kaiser

So sag ich's meinem Kinde

Zärtlichkeit und Schmusen, Liebe und Sexualität

Fotos von Peter Dammann

Rowohlt

Herausgegeben von Bernhard Schön und Horst Speichert

Umschlaggestaltung: Peter Wippermann/Jürgen Kaffer
(Foto: Paul Schirnhofer)
Fotos im Text: Peter Dammann, Hamburg
Redaktion: Bernhard Schön

Originalausgabe
Veröffentlicht im Rowohlt Taschenbuch Verlag GmbH,
Reinbek bei Hamburg, April 1990
Copyright © 1990 by Rowohlt Taschenbuch Verlag GmbH,
Reinbek bei Hamburg
Alle Rechte vorbehalten
Satz Times PM, Linotronic 300
Gesamtherstellung Clausen & Bosse, Leck
Printed in Germany
1080-ISBN 3 499 18750 7

Inhalt

Sexualität gehört zum Leben mit Kindern

Sonntag morgens war die Schlafzimmertür meiner Eltern immer abgeschlossen. Ich wußte nicht, was dort vor sich ging, ahnte es nicht einmal. Ich wußte aber, daß es besser war, weder zu stören noch zu fragen.

Der Vater meiner Kinder ist auf dem Land groß geworden. Er hat den Hahn auf der Henne sitzen sehen, die rollige Katze und den Kater beobachtet. Er war dabei, wenn Nachbars Sau 15 Ferkel bekam, und wußte, daß ein Kalb mit den Beinen zuerst geboren wird. Die Frage, wo er herkam, allerdings wurde ihm mit dem Hinweis auf den Storch beantwortet. Auf dem Elternabend seines Konfirmandenjahrgangs baten dann einige Eltern den «Herrn Pastor», doch die Kinder einmal «aufzuklären». Der unterzog sich dieser Aufgabe und malte mit gelber Kreide schematische Darstellungen über Eierstöcke und Gebärmutter, Hoden und Penis an die grüne Tafel.

Die Oma meiner Kinder erzählt, daß sie meinte, sterben zu müssen, als ihre Regelblutung einsetzte. Keiner hatte ihr erklärt, was mit ihrem Körper sich geht. Und kurz vor der Hochzeit Ende der dreißiger Jahre erfuhr sie dann, daß etwas ganz Schlimmes auf sie zukommen würde.

Heute ist das alles anders. Seit Ende der sechziger Jahre hat sich die

Einsicht in eine Notwendigkeit «sexueller Aufklärung» durchgesetzt. Erst einmal wurden die Erwachsenen aufgeklärt durch Oswalt Kolle und seine Bücher und Filme über «Deine Frau, das unbekannte Wesen». Inzwischen werden diese «Aufklärungsfilme» veralbert in Zusammenschnitten wie «Als die Liebe laufen lernte». Meinen Altersjahrgang erwischte in der Schule noch der «Sexualkunde-Atlas», der sofort respektlos den Namen «Strobelpeter» bekam nach der damaligen SPD-Familienministerin. Er zeichnete sich durch ungewöhnliche Offenheit aus: das Foto eines Penis. Mit einem Schönheitsfehler: Es war ein Geschwür von einer Geschlechtskrankheit dran.

Ist heute alles anders?

Einerseits trifft das zu. Die Einstellung zur Sexualität und Sexualaufklärung hat sich verändert. Eltern, die ihren (minderjährigen) Kindern erlauben, zu Hause miteinander zu schlafen, werden nicht mehr mit einem «Kuppelei»-Paragraphen bedroht. Seit 15 Jahren gibt es ein neues Sexualstrafrecht. Darstellungen sexueller Aktivitäten sind nicht mehr verboten; einigen geht das, was hier unter dem Schild sexueller Liberalität geboten wird (und tatsächlich weitgehend abstoßend ist), schon wieder zu weit. Der Klapperstorch ist nur noch ein Thema von Umweltschützern. Sexualaufklärung hat in schulische Lehrpläne Einzug gehalten.

Andererseits ist das Problem doch geblieben: Wie sag ich's meinem Kinde? Mit unseren Kindern über Sexualität zu reden, ihre sexuellen Regungen wahrzunehmen und unsere nicht zu verbergen, wirft für uns Eltern immer noch Probleme auf. Sexualität ist aus unserem Leben genausowenig wegzudenken wie Essen, Trinken, Schlafen, Arbeiten. Aber es ist doch etwas Besonderes, Geheimnisvolles im Leben.

Also stehen wir vor den drei großen «W»:

Wann spreche ich mit meinem Kind? Wie fange ich es an? Was erzähle ich ihm?

Zum «Wann» gibt es die verschiedensten Empfehlungen: Wenn mein Kind fragt. Wenn es mit seinem Geschlechtsteil spielt. Wenn es ein Geschwisterkind bekommt. Wenn es in den Kindergarten gehen soll. Wenn es mit «schmutzigen Wörtern» vom Spielplatz kommt. Aber spätestens, wenn es in die Pubertät kommt.

Ich halte wenig von solchen Festlegungen, wann «Sexualerziehung fällig ist». Mit seinem Geschlechtsteil spielt das Kind am ersten Lebenstag. Ein Kind heute ohne gewisses Wissen über seine Sexualität bzw. die der Erwachsenen in den Kindergarten zu schicken in der

Hoffnung, dort würde es schon etwas erfahren, ist sicher verspätet. Wenn Sie in der Pubertät zum ersten Mal auf das «Thema» zu sprechen kommen, werden Sie wahrscheinlich nur ausgelacht.

Genauso ist es mit dem «Wie» und dem «Was». Früher gab es das ernsthafte Gespräch, um das «Außergewöhnliche» der Sexualaufklärung zu unterstreichen. Heute wird Ihnen wahrscheinlich eher geraten, sich zu einem mehr oder weniger festgesetzten Zeitpunkt eines der Bücher zum Thema zu nehmen und dies mit Ihrem Kind durchzulesen und anzuschauen. Oder der umgekehrte Vorschlag: Lassen Sie Ihr Kind in einem Buch blättern und warten, was passiert. Die Empfehlungen setzen auch heute weitgehend noch dabei an, wie das Kind eines Tages in den Bauch der Mutter gekommen und dann geboren worden ist.

Ich will keine solchen Empfehlungen geben, mich aber um eine Antwort auf die drei «W» auch nicht herumdrücken. Meine einfache Antwort würde lauten:

Wann: Sobald Sie anfangen, Ihrem Kind seinen Körper und seine Umwelt zu erklären, gehört die Sexualität auch dazu, **aber...**

Wie: Genauso unbefangen, wie Sie ihm erklären, warum es essen muß, warum es Luft zum Atmen braucht, **aber...**

Was: Alles, was Ihr Kind verstehen kann und was Sie für wissenswert halten. Vor allem: Lassen Sie keine Frage unbeantwortet, **aber...**

Das ist die einfache Antwort, die allerdings nicht befriedigt. Deswegen habe ich sie mit einem dicken «aber...» eingeschränkt. «Sexualerziehung» wird leider immer noch allzu häufig mißverstanden als sexuelle «Aufklärung»: Ich kläre mein Kind auf über die Sexualität, insbesondere über die, die Erwachsene betreiben. Dafür stehen heute eine Reihe guter und eine genauso große Auswahl schlechter Bücher zur Verfügung. Darauf werde ich später noch eingehen. Vielfach übersehen wird jedoch bei den gängigen Aufklärungsbüchern, daß sexuelle Erziehung nicht nur über Information läuft. Sie ist meiner Erfahrung nach viel mehr abhängig davon, was Ihr Kind im Zusammenleben mit Ihnen über Sexualität erfährt, wie es Ihre und seine Sexualität erlebt.

Um auf die Beispiele am Anfang zurückzukommen: Wenn die Schlafzimmertür nicht mehr kommentarlos verschlossen ist und Ihr Kind keine unerklärlichen Geheimnisse dahinter wittern muß, wenn Ihre Tochter mitbekommt, daß Sie Ihre Tage haben und dabei vielleicht schlecht gelaunt sind, dann wird es Sexualität und das, was damit

zusammenhängt, als ganz natürliche Angelegenheit begreifen. Wenn Sie umgekehrt mitbekommen, daß und wie Ihr Kind sexuelle Regungen entwickelt, können Sie unter Umständen – Erwachsenensexualität ist bisweilen ja etwas eingefahren – auch noch etwas lernen.

Dabei hat mir der Sexualforscher Gunter Schmidt vor der Erstellung dieses Buches einen guten Rat gegeben. Er schrieb, er stehe der Sexualerziehung skeptisch gegenüber, weil «sie meistens, auch wenn sie liberal gehandhabt wird, in eine neue Kontrolle der Kinder ausartet und manchmal auch die Intimschranken des Kindes verletzt». Außerdem glaubt er, «daß das, was wir Sexualerziehung nennen, also die offene und bewußte Intervention der Eltern, Informationen, Verbote, Gebote, die sexuelle Entwicklung des Kindes relativ wenig» beeinflußt. Insgesamt warnte er mich, «den sexualpädagogischen Elan der Eltern nicht zusätzlich zu stimulieren». Ich finde, er hat in gewisser Hinsicht recht. Es geht mir mit diesem Buch nicht darum, Sie jetzt zu ermuntern, Ihrem Kind Sexualität «beizubringen», aufgeregt auf sexuelle Äußerungen Ihres Kindes zu warten oder gar ein Spieleprogramm zusammenzustellen, um Ihr Kind zu solchen Äußerungen anzuregen.

Kinder haben ein Recht auf ihre Sexualität; sie haben ein Recht darauf, daß wir uns darin nicht einmischen. Kinder haben aber auch ein Recht darauf, daß wir ihre und unsere Sexualität aus dem Zusammenleben nicht ausblenden, geheimhalten oder tabuisieren. Die Reihe, in der dieses Buch erscheint, heißt nicht ohne Grund: Mit Kindern leben. Dieses Buch ist nicht mehr als ein Versuch, Sie zu ermuntern, Sexualität in das tägliche Leben mit Kindern einzuschließen, ohne ihnen als sendungsbewußter Sexualpädagoge auf die Nerven zu gehen.

Geholfen haben mir dabei Christine, Gundula, Ilse, Leila, Moni, Sibylle, Silke, Sirin, Sissy und Trude, die Kinder der Elefantengruppe und die Kinder und Eltern der Buntstifte-Gruppe im Kinderhaus Heinrichstraße, Bernhard und Bernhard, Fritz, Jürgen, Karsten, Knut, Malte und Peter, bei denen ich mich an dieser Stelle für ihre Unterstützung bedanke.

Kapitel 1

Vorurteile und Tatsachen

Kinder werden in den verschiedenen Teilen der Welt sehr unterschiedlich groß. Das betrifft nicht nur die allen bekannte Tatsache, daß sie in vielen Ländern der Dritten Welt hungern, Kinderarbeit leisten müssen, während es ihren Altersgenossen in Europa vergleichsweise gut geht. Auch der Umgang der Erwachsenen mit Kindern ist nicht überall gleich. Wie sie mit Kindern umgehen, ist Ausdruck der Kultur. So gibt es Völker, für die es völlig undenkbar ist, ihre Kinder zu schlagen. Und auch im Hinblick auf die Behandlung von Sexualität gibt es freizügigere Gesellschaften.

Vor einigen Jahrzehnten überraschten Ethnologen, d.h. Wissenschaftler, die sich mit dem Leben ihnen fremder Völker beschäftigen, mit geradezu sensationellen Berichten. Der bekannteste und deswegen zu diesem Thema immer wieder zitierte Bericht stammt von Bronislaw Malinowski. Er erschien 1929 und behandelt «Das Geschlechtsleben der Wilden in Nordwest-Melanesien», einer Inselgruppierung weit weg in der Südsee: «Knaben und Mädchen haben reichlich Gelegenheit, sich von ihren Gefährten in erotischen Dingen unterweisen zu lassen. Die Kinder weihen sich gegenseitig auf durchaus praktische Weise und in sehr frühem Alter in die Geheimnisse des Geschlechtslebens ein. Lange, ehe sie imstande sind, den Geschlechts-

akt wirklich auszuführen, beginnt ihr frühzeitiges Liebesleben. In ihren Spielen und Zeitvertreiben befriedigen sie ihre Neugier nach Aussehen und Funktion der Geschlechtsorgane und erleben dabei, wie es den Anschein hat, ein gewisses Lustgefühl. Abtasten der Geschlechtsorgane und leichte Perversionen, wie etwa orale Reizungen, sind typische Arten dieser Vergnügungen» (Malinowski 1983, S. 54). Daß Malinowski bei «oralen Reizungen» (Küsse auf den Körper des anderen Geschlechts an verschiedenen Stellen) von «leichten Perversionen» spricht, zeigt, was dem mitteleuropäischen Völkerkundler schon als «unschicklich» erschien. Späteren Generationen von Sexualforschern, die gern diesen Text zitieren, scheint dann auch die stellenweise Prüderie peinlich zu sein. Ernest Borneman z.B., der durchaus vernünftige Gedanken zur Sexualität von Kindern veröffentlicht und deshalb auch gelegentlich von mir zitiert werden wird, läßt in einem seiner neueren Bücher über das »Geschlechtsleben des Kindes« aus der zitierten Passage ohne weitere Anmerkung einfach den Halbsatz »leichte Perversionen, wie etwa« verschwinden (Borneman 1985, S. 31). Wie dem auch sei: Nicht nur Malinowski berichtet über freizügige Kindererziehung bei den «Wilden». Von Indianerstämmen weiß man inzwischen, daß Mütter während des Stillens ihren Jungen den Penis streicheln (Amendt 1982, S. 8), ebenfalls häufig erwähnt wird das Beispiel einer Volksgruppe in Vorderindien, der Muria, bei denen Kinder zusammen leben und Sexualität kennenlernen dürfen (Kentler 1981, S. 25).

In Europa, im «Abendland», hat die Behandlung von Sexualität und insbesondere auch kindlicher Sexualität eine wechselhafte Geschichte hinter sich. Vor drei-, vierhundert Jahren scheint es dabei recht locker zugegangen zu sein. Helmut Kentler z.B. zitiert die Tagebucheintragungen des Leibarztes von König Ludwig XIII.; danach waren sexuelle Spielchen im Kindesalter eine Selbstverständlichkeit. Der kleine König hatte dafür extra zwei Hofdamen, die seinen Pimmel küßten und streichelten (Kentler 1988, S. 28). Die einfachen Leute lebten natürlich nicht königlich. Für Kinder gab es keine Schulen, keine Ausbildung. Manche Pädagogen sprechen davon, daß es gar keine Kindheit gab. Von früh an mußten die Kleinen mitarbeiten; auf diesem Wege eigneten sie sich ihre Kenntnisse und Fähigkeiten an. Auch die Sexualität blieb ihnen nicht verborgen. Großeltern, Eltern, alle, die zur Hausgemeinschaft gehörten, schliefen in einem Raum. Nacktheit war nicht verpönt, Nachtbekleidung gab es nicht.

Man sollte über die alten Zeiten sicher nicht schwärmen. Das Leben der Menschen war hart, ihre Lebenserwartung gering.

Allerdings hatten sie ein offeneres Verhältnis zur Sexualität ihrer Kinder. Dieser Zustand änderte sich in den folgenden Jahrhunderten. Sexualwissenschaftler haben diese Entwicklung bezeichnet als «Entsexualisierung», die vielfältige Gründe hatte. Die sich entwickelnde Industriegesellschaft erforderte Menschen, die sich anpassen können, Lust und Laune unterdrücken und wie Charly Chaplin im Film «Moderne Zeiten» reibungslos am Fließband die immer gleichbleibenden Bewegungen vollführen. Sexualität ist im Prinzip genau das Gegenteil dessen, sich in Schablonen pressen zu lassen: sie ist lustbetont, kreativ usw. Deswegen war sie in dieser geschichtlichen Entwicklung ein Hindernis, das aus dem Weg zu räumen war.

Dazu hat die Entwicklung einer engen Moral im Gefolge der christlichen Reformation auch noch das Ihre beigetragen. Als Musterbeispiel für die Leugnung von Sexualität gilt das England der Königin Viktoria, die hochgeschlossen ihren Untertanen «Puritanismus», d.h. übersetzt «sexuelle Reinlichkeit», abverlangte. Allerdings galt hier das, was Heinrich Heine 1844 in bezug auf die Geistlichkeit feststellte: «Sie tranken heimlich Wein und predigten öffentlich Wasser.» Während öffentlich Sexualität verdrängt, tabuisiert wurde, verstanden es insbesondere natürlich die Männer, ihr Schäfchen ins trockene zu bringen. Gunter Schmidt meint, daß das 19. Jahrhundert trotz der gepredigten Sexualfeindlichkeit die Sexualität «zu einer nie gekannten Blüte» gebracht hat (Schmidt 1988, S. 44). Weil auf diesem Sektor nahezu alles verboten war, war man besonders scharf. Ein Nachfahre dieser viktorianischen Sexualmoral wurde unlängst von der englischen Zeitung «Sun» dabei erwischt, wie er heimlich «Wein trank». Der durch Reden für «Sitte» und «Moral» in das Amt des Vorsitzenden der Konservativen Partei in Schottland gelangte Politiker hatte sich regelmäßig mit einer Prostituierten in einem Hotel getroffen, um sich zwecks sexueller Befriedigung den Hintern versohlen zu lassen.

Das 19. und der Beginn des 20. Jahrhunderts waren gekennzeichnet durch eine Sexualmoral, die kindliche Sexualität leugnete und Kinder von der Kenntnis über Sexualität überhaupt abhalten wollte. Der deutsche Schriftsteller Frank Wedekind verfaßte 1890 ein Theaterstück «Frühlings Erwachen», in dem er bissig auf die Folgen dieser Sexualunterdrückung für Jugendliche aufmerksam machte. In einer Szene z. B. erzählt die Mutter ihrer vierzehnjährigen Tochter allen

Ernstes, der Klapperstorch habe ihrer älteren verheirateten Schwester ein Kind gebracht, was sie darauf zurückführt, daß das Paar «so dicht beim Kirchendach», einem hervorragenden Storchenlandeplatz, wohnt.

Der Storch hielt sich als Erklärung fürs Kinderkriegen noch Jahrzehnte bis in die Zeit nach dem Zweiten Weltkrieg. Es wurde Anfang der sechziger Jahre im Film «Das Schweigen» erstmals ein Geschlechtsverkehr gezeigt. Und Ende der sechziger Jahre erreichte uns dann die «sexuelle Revolution».

Mindestens zweihundert Jahre hatte bis dahin die «Entsexualisierung», die Leugnung und Verdrängung von Sexualität, das Leben der Menschen bestimmt.

Diese Sexualmoral hing wahrscheinlich zu einem Teil dem Vorurteil an, daß Kinder eben keine Sexualität haben. Denn diese wurde ja betrachtet als «böse Fleischeslust», während Kinder eher als «unschuldige Wesen» gesehen wurden. Da war es einfach, erst einmal zu glauben, daß die Fleischeslust nicht von Geburt an da ist, sondern erst mit der Pubertät oder später erwacht.

Sowie man jedoch feststellte, daß Kinder gar nicht so «unschuldig» sind, wurde ihre Sexualität unterdrückt und verboten. Anfang des neunzehnten Jahrhunderts wurden teuflische Apparate zur Verhinderung der kindlichen Selbstbefriedigung eingeführt, die jeden Zugriff auf die Geschlechtsorgane verhindern sollten. Später beließ man es dabei, den Kindern auf die Finger zu schlagen. Und man machte ihnen Angst: vor der Rückenmarksschwindsucht, vorm frühzeitigen Schwachsinn. Das war deshalb so wirkungsvoll, weil z.B. Jungen kaum wußten, was in ihrem Körper vorgeht; und sie mußten sich fragen, wo denn die Flüssigkeit herkommt, die sie beim Masturbieren herausspritzen. Heute würde ich einem Jungen erklären, daß es sich um die in seinen Hoden gebildeten Samenzellen und bestimmte, in weiteren Drüsen gebildete Flüssigkeiten handelt, die der Körper immer wieder neu herstellen kann genauso wie Tränen oder Speichel. Ohne diese Erklärung fielen Jungen natürlich darauf herein, daß das Ganze aus dem Rückenmark kommt, das am Kopf beginnt und kurz vor der Stelle endet, wo der Penis beginnt.

Erkenntnisse über kindliche Sexualität

Ende des letzten Jahrhunderts entstanden aus der Medizin die Fachgebiete der modernen Psychologie und der Sexualwissenschaft.

Da ist natürlich zuerst der Begründer der Psychoanalyse, Sigmund Freud, zu nennen, der um die Jahrhundertwende behauptete, der Mensch sei von Geburt an mit einem Sexualtrieb ausgestattet (Freud 1969). Die kindliche Sexualentwicklung zerlegte er in mehrere Phasen: «die orale Phase von der Geburt bis etwa zur Mitte des zweiten Lebensjahres, in der die sexuelle Lust überwiegend an die Reizung der Mundhöhle und der Lippen gebunden ist; die anale Phase zwischen dem zweiten und vierten Lebensjahr, meist dadurch hervorgerufen, daß die Reinlichkeitsdressur die Aufmerksamkeit auf die Ausscheidungsvorgänge und -organe richtet; die phallische Phase zwischen dem vierten und sechsten Lebensjahr, in der die Kinder anfangen, sich für die Erregbarkeit von Penis und Klitoris zu interessieren.» Da machte er bis zur Pubertät eine «Latenzphase» aus, in der das «sexuelle Interesse weitgehend» zurücktritt, «weil die Kinder von der Schule und der Freude, Neues zu lernen, völlig in Anspruch genommen sind» (Kentler 1988, S. 60). Freud behauptete auch einen «Penisneid» der kleinen Mädchen gegenüber den Jungen, und er «erfand» den Ödipuskomplex (sexuelle Neigung des Jungen zur Mutter bzw. des Mädchens zum Vater, benannt nach einem sagenhaften griechischen König, der, ohne es zu wissen, seinen Vater umbrachte und seine Mutter heiratete. Die Geschichte ging im übrigen nicht gut aus). Zu seinen Thesen kam er weniger durch die Beobachtung kindlichen Sexualverhaltens als durch die Gespräche mit erwachsenen Patienten über ihre kindlichen Erfahrungen.

Freuds Theorien sind oft kritisiert worden. Ihm wurde z.B. vorgeworfen, die Erfahrungen, die er mit Patienten aus einer bestimmten gesellschaftlichen Schicht in Österreich gewonnen hatte, unzulässig zu verallgemeinern. Es heißt, er argumentiere wie jemand, der nur Leute kennt, die genug Geld haben, um sich teure Autos zu kaufen, und folgere, daß alle Menschen einen «Mercedes-Komplex» haben. Eine andere Kritik zielt darauf, daß er nur den einzelnen Menschen betrachtet, nicht jedoch die Situation, in der dieser lebt, d.h. den gesellschaftlichen Zusammenhang, ausblendet. Die Sexualwissenschaft hat dann auch bis heute etliche Behauptungen Freuds widerlegen können:

Es mag Mädchen geben, die dem Jungen den Pimmel neiden, aber nicht jedes Mädchen empfindet Freuds «Penisneid». Es gibt Jungen, die ihre Mutter heiß lieben («Wenn ich groß bin, heirate ich Mutti») und dafür wünschen, den Vater aus dem Weg zu räumen. Aber nicht jeder Junge hat einen Ödipuskomplex. Soweit Sie Kinder im Schulalter haben, werden Sie schon festgestellt haben, daß diese nicht unbedingt eine «Latenzphase» durchlaufen, in der sie sich für die Schule, aber nicht für Sexualität interessieren.

Auf einige von Freuds Erkenntnissen werde ich später im Zusammenhang mit praktischen Fragen zurückkommen. Entscheidend ist in diesem Zusammenhang nur, daß er als einer der ersten am Tabu, Kinder hätten keine Sexualität, gerüttelt hat. Etliche seiner Schüler traten in den ersten Jahrzehnten dieses Jahrhunderts dann mit erheblichem Eifer hervor, aus diesen Erkenntnissen Konsequenzen zu ziehen, nämlich Kinder tatsächlich frühzeitig und wahrheitsgemäß aufzuklären. In Deutschland z.B. entstand in den zwanziger Jahren eine von Freud-Schülern, die politisch weit links standen, getragene «Sex-Pol»-Bewegung, die eine frühzeitige wahrheitsgemäße Aufklärung von Kindern forderte und dazu auch erste «Aufklärungsbroschüren» verfaßte. Aus einer davon, einer Abhandlung Wilhelm Reichs über die Selbstbefriedigung von Jungen, wollte 40 Jahre später, 1969, eine Schülerzeitungsredaktion im schleswig-holsteinischen Flensburg, damals schon Firmensitz des noch verschämt «Fachversand für Ehehygiene» genannten Unternehmens der Beate Uhse, einen Nachdruck veröffentlichen. Der Schulleiter verbot es: Über das Thema könnten sogar Väter schwer mit ihren Söhnen sprechen.

Es bedurfte nach Freud dann noch einiger Jahrzehnte, bis gesicherte wissenschaftliche Erkenntnisse über das Sexualverhalten von Kindern vorlagen (das gleiche gilt, nebenbei bemerkt, auch für Untersuchungen über die Sexualität von Erwachsenen). Von Bedeutung waren dabei zum einen die eingangs bereits zitierten Schilderungen von Ethnologen, aus denen – andere Völker, andere Sitten – zu entnehmen war, daß Kinder in der Südsee und anderswo offenkundig ein ganz eifriges Sexualleben hatten. Zum anderen befragte in den USA eine Gruppe um den Sexualforscher Alfred Kinsey etliche tausend Amerikaner nach ihrem Sexualverhalten. Kinsey versuchte, sexuelle Erregung zu messen und exakt wissenschaftlich der Frage beizukommen, was ein Orgasmus ist und wann und wie er erreicht wird. Ende der vierziger Jahre konnten er und seine Mitarbeiter die Ergebnisse

veröffentlichen. Die Amerikaner erfuhren, daß ihnen auf sexuellem Gebiet so gut wie nichts Menschliches fremd ist. Obwohl in einzelnen Bundesstaaten «abnorme Praktiken» wie das Küssen der Geschlechtsteile des Partners bzw. der Partnerin, der Analverkehr oder der Geschlechtsverkehr nichtverheirateter Paare verboten waren, ermittelte Kinsey, daß ein hoher Prozentsatz der Bevölkerung «es» trotzdem so treibt.

Kurze Abschnitte der beiden «Kinsey-Reports» (einer über das «Sexuelle Verhalten der Frau» und einer über das des Mannes) befassen sich auch mit den Erfahrungen der Befragten in der Kindheit. Da wird unter anderem festgestellt: «Der Orgasmus wurde bei Knaben jeder Altersstufe von fünf Monaten bis zur Pubertät beobachtet. Wir haben einen Bericht über ein vier Monate altes weibliches Kleinkind, das Orgasmus hatte. Der Orgasmus bei einem Kleinkind oder sonst bei jungen männlichen Individuen entspricht bis auf das Ausbleiben der Ejakulation in erstaunlicher Weise dem Orgasmus eines älteren Erwachsenen völlig» (Kinsey 1967, S. 155). Im gewissen Sinne wird den Kindern sogar eine «Überlegenheit» bestätigt. Jungen von zehn bis zwanzig Jahren (das waren zu Kinseys Zeit noch Kinder) erreichten bei der Selbstbefriedigung schneller einen Orgasmus, hatten auch weniger Schwierigkeiten, innerhalb kurzer Zeit noch einen zweiten oder dritten zu bekommen (Kinsey 1967, S. 157 f.). In Hinblick auf Mädchen, über deren Sexualität sich Kinsey wesentlich kürzer äußert, kommt der Report unter anderem zu dem Ergebnis: «Die üblichste Form früher Onanie bei Mädchen scheint das Spielen mit den Fingern an den Genitalien und besonders an der Klitoris zu sein. Die zweithäufigste Form war die, daß das Kind bäuchlings, die Knie etwas angezogen, im Bett lag, mit dem Gesäß rhythmische Bewegungen ausführte und dadurch in einen ... Spannungszustand geriet... In vielen Fällen wurden die Genitalien an einem Spielzeug, dem Bett, der Decke oder irgendeinem anderen Gegenstand gerieben...» (Kinsey 1966, S. 107 f.)

Auch die Existenz der «Doktorspiele» wird bei Kinsey zur wissenschaftlichen Erkenntnis. Nach seinen Untersuchungen z.B. erinnerten sich 30 % der Mädchen an «irgendwelche Sexualspiele mit Knaben» im Alter von drei Jahren bis zur Pubertät. Damit ist z.B. gemeint, sich nackt dem Jungen zu zeigen, aber auch das gegenseitige Anfassen der Geschlechtsteile (ebd., S. 110 f.). Bei Jungen wird ein erheblicher Umfang homosexueller Spiele in dieser Altersgruppe festgestellt.

Kinseys Ergebnisse sind in späteren Untersuchungen im wesentlichen immer wieder bestätigt worden. Er hatte allerdings Erwachsene der Jahrgänge von 1880 bis 1920 befragt. Deshalb sehen die Ergebnisse bei entsprechenden Befragungen heute natürlich anders aus (z.B. bezogen auf die Bundesrepublik Eichner/Habermehl 1978). Das, was Moralapostel des 19. Jahrhunderts befürchtet hatten, ist auf jeden Fall seit Jahrzehnten gesicherte wissenschaftliche Erkenntnis: Kinder haben von Geburt an eine eigene Sexualität und: «Möglich ist Kindern im Bereich des Sexualverhaltens wahrscheinlich alles, wenn man von der Funktion der Fortpflanzung einmal absieht. Was ihnen erlaubt wird, variiert jedoch von Kultur zu Kultur sehr extrem» (Selg 1984, S. 240).

Sexualunterdrückung und die Folgen

Damit sind wir bei der Frage: Welche Auswirkungen hat es auf die Entwicklung von Kindern, wenn die Gesellschaft Sexualität unterdrückt? Kinsey, sonst mit Bewertungen sehr zurückhaltend, stellt hier z.B. zu den Auswirkungen des Verbots der Selbstbefriedigung fest: «In einer nicht geringen Zahl von Fällen jedoch hatten Schuldgefühle diese Kindheitserlebnisse traumatisch werden lassen. Dies trat besonders dann ein, wenn die Kinder von Erwachsenen ertappt, gescholten und bestraft worden waren. Diese Schuldgefühle hatten vielfach verhindert, daß die betreffenden Frauen später ihr eheliches Geschlechtsleben frei hinnahmen» (Kinsey 1967, S. 115).

Sexualverbote für Kinder haben jedoch nicht nur Auswirkungen auf die spätere Sexualität der Erwachsenen, sondern auf deren Leben insgesamt.

Zum ersten schaffen sie eine Art gestörtes Verhältnis zum eigenen Körper. Der regt sich; Kinder müssen das als lustvoll empfinden, dürfen dem jedoch nicht nachgeben. Wenn sie es dann doch machen, werden sie bestraft oder zumindest gescholten. Das zerstört Selbstbewußtsein bzw. läßt es erst gar nicht entstehen. A.S. Neill, der Anfang der zwanziger Jahre im englischen Summerhill eine Schule gründete, in der Kinder ohne Zwang und Druck aufwachsen sollten, nennt hier einen Vergleich, bei dem er im Übereifer vielleicht etwas übertreibt, in der Tendenz jedoch richtig liegt: «Jedes Kind, das an sexueller

Verdrängung leidet, hat einen Magen wie ein Brett. Man muß nur ein gehemmtes Kind beim Atmen beobachten und dann sehen, mit welcher Anmut ein kleines Kätzchen atmet» (Neill 1969, S. 199). Viele Menschen aus unserer Generation versuchen heute, durch die verschiedensten Methoden der «Selbsterfahrung», über die man streiten kann und bei denen auch viel geschäftstüchtige Scharlatanerie dabei ist, mit ihrem eigenen Körper ins reine zu kommen. Diese Versuche sind aber Beleg dafür, daß diesen Menschen irgendwann einmal, z.B. durch sexuelle Verbote, das Verhältnis zum eigenen Körper vermiest worden ist.

Allen Verboten zum Trotz haben sich bei Kindern und Jugendlichen natürlich meistens doch irgendwann die körperlichen Regungen durchgesetzt. Auch wenn es tausend Tips gab, sexuelle Wünsche und Gelüste abzuwürgen (morgens unverzüglich beim Weckerklingeln aus dem Bett hüpfen, den steifen Pimmel oder die Möse mit kaltem Wasser abduschen), waren das nur Lösungen, die aufschoben und nicht aufhoben. Irgendwann befriedigten sich Junge oder Mädchen dann meistens doch selbst, allerdings unter Entwicklung starker Schuldgefühle. Die sind das zweite Ergebnis der Sexualverbote: Den Kindern wird in ihren Kopf ein erhobener Zeigefinger hineinerzogen, der ihnen sagt: Du darfst nicht. Freud wird von einem allmächtigen Über-Ich sprechen, das des Menschen Triebe bzw. deren Entfaltung im Zaum hält. Der «erhobene Zeigefinger» ist die ständige Mahnung zum Verzicht, er gewöhnt die Menschen daran, daß sie nicht zu den «angenehmen Seiten» des Daseins streben dürfen. Nicht umsonst versprach man ihnen früher, nach dem Tode im Himmelreich für die Mühsal auf Erden entschädigt zu werden.

Diese Verbote waren und sind, zum dritten, für Kinder und Jugendliche sachlich nicht verständlich. Es gab und gibt dafür ja auch keinen vernünftigen Grund. Sie werden verordnet von einer bestimmten Kultur oder Sexualmoral, vielleicht noch begründet mit religiösen Vorstellungen. Trotzdem fügten sich die Kinder in diese Verbote wie in viele andere auch, die früher in der Erziehung gängig waren und auch mit Gewalt durchgesetzt wurden. Unterdrückung sexueller Äußerungen, dieser Bestandteil der «autoritären Erziehung», gehörte noch bis in die sechziger Jahre hinein in Deutschland zum Alltag. Durch diese Erziehung wurden kurz gesagt aus Kindern, die Verbote und Gebote ihrer Eltern, Lehrer usw. anerkennen mußten, ohne sie zu hinterfragen, Erwachsene, die ihrerseits sich in das fügten, was «von

oben» verordnet wurde. Die «Frankfurter Schule», eine in der Sozial-
wissenschaft zeitweise sehr einflußreiche Richtung, bezeichnete und
beschrieb diese Menschen in den dreißiger Jahren als «autoritäre
Charaktere», als Leute, die alles hinnehmen, was ihnen von denjeni-
gen verordnet wird, die so etwas wie Macht haben oder ausüben
(Horkheimer 1936). Wie weit das führte, ist aus der deutschen Geschichte bekannt.

«Sexuelle Revolution» und neue Vorurteile

Aus der Erkenntnis, daß die Unterdrückung von Sexualität bei Kindern und eine repressive Sexualmoral insgesamt einen erheblichen
Beitrag zur Anpassung der Menschen an bestehende schlechte Verhältnisse und zum Verlust von Kreativität, Phantasie usw. leisten, ist
bereits bei den «Sexualrevolutionären» in der Weimarer Republik der
Gedanke entstanden, man müsse im wesentlichen die Sexualität be-
freien, um die Gesellschaft zu verändern. Diesen Gedanken nahmen
Ende der sechziger Jahre Studenten wieder auf, die gegen die festge-
fahrenen Verhältnisse in der Bundesrepublik auf die Straße gingen.

Inzwischen haben wir zwanzig Jahre sexuelle Befreiung hinter uns.
Die Jungen und Mädchen dürfen masturbieren, junge Leute und
Erwachsene ohne Trauschein miteinander schlafen, der «Ehebruch»
ist weder strafbar noch ein Scheidungsgrund, Erwachsene können sich
pornographische Filme anschauen. Die Blütenträume allerdings, daß
die Befreiung der Sexualität andere und friedfertige Menschen schaffen würde, sind nicht gereift: Es gibt nach wie vor Ausländerfeindlich-
keit und Rassismus, Vorurteile und Haß gegen Minderheiten, Sexual-
morde und Vergewaltigungen.

Sicherlich existieren verschiedene Gründe und Ursachen dafür, daß
in den letzten zwei Jahrzehnten zumindest in Westeuropa so etwas wie
eine «Befreiung der Sexualität» stattfand. Man kann es so sehen, daß
die Menschen sich nicht mehr bevormunden lassen wollten von einer
Sexualmoral, die ihnen den Spaß an der Lust verdarb. Einerseits
schickten sich die Wissenschaft und Technik an, Menschen auf den
Mond zu schicken. Andererseits sollten im Hinblick auf ihre Sexualität Mann, Frau und Kinder «hinterm Mond» leben. Das war ein

Widerspruch, der nicht auf Dauer aufrechterhalten bleiben konnte. Man muß aber gleichzeitig die «sexuelle Liberalisierung» im Zusammenhang sehen mit dem Übergang von der «Verzichtsgesellschaft» zur «Überfluß-» oder «Konsumgesellschaft». Die Fähigkeit, auf die angenehmen Dinge des Lebens verzichten zu können, war vielleicht in der Phase des Wiederaufbaus nach dem Zweiten Weltkrieg notwendig; Ende der sechziger Jahre aber war der «Konsument» gefragt, der sich jeden Wunsch erfüllen will (und sei es durch etliche Wucherkredite). Folgerichtig wurde Sexualität auch zum Konsumartikel, der in jeder Form verfügbar ist. Kurz: Zur «modernen Industriegesellschaft» paßte der Muff einer viktorianischen Sexualverleugnung nicht mehr (ausführlich dazu: Schmidt 1988).

Diese Entwicklung hat alte Vorurteile bestätigt und neue hervorgebracht.

Konservative Kräfte sahen natürlich durch die Veränderungen in der Behandlung der Sexualität «den Untergang des Abenlandes» gekommen. Der Streit um die Sexualkunde in der Schule ging bis zum Bundesverfassungsgericht das eine «Ja, aber»-Entscheidung fällte: Sexualerziehung ist zulässig, aber sie soll auf die Gefühle prüder Eltern Rücksicht nehmen: «Die Sexualerziehung in der Schule muß für die verschiedenen Wertvorstellungen auf diesem Gebiet offen sein und allgemein Rücksicht nehmen auf das natürliche Erziehungsrecht der Eltern und auf deren religiöse oder weltanschauliche Überzeugungen, soweit diese für das Gebiet der Sexualität von Bedeutung sind» (zitiert nach Maskus 1984, S. 267).

Diese «Rücksichtnahme» auf die alte Sexualmoral in den Köpfen der Eltern schlug sich von Anfang an in den von den Kultusministern der Bundesländer beschlossenen Rahmenrichtlinien zur Sexualerziehung nieder. Danach sollte diese Erziehung zwar sachlich sein, aber auch zu Sitte und Anstand erziehen. Entsprechend sehen sehr viele der gängigen Aufklärungsschriften aus, die sich ja besser verkaufen, wenn sie z.B. in der Schule oder im Kindergarten auch verwandt werden dürfen: Sie erklären den Kindern, daß Sexualität dann normal ist, wenn Papa und Mama miteinander Liebe machen und dabei gelegentlich auch Kinder gezeugt werden. Alles andere ist demgegenüber nachrangig (die Masturbation von Kindern z.B., die als «Vorstufe» der «richtigen Sexualität» behandelt wird) oder gar nicht «normal» (Homosexualität, Schwangerschaftsabbruch usw.).

Eine andere Variante zur Rettung der alten Moral besteht darin, die

kindliche Sexualität weiterhin nicht zur Kenntnis zu nehmen. Eltern und Erzieher mit dieser Position kämen nicht auf die Idee, ihren Kleinen auf die Finger zu schlagen, wenn sie an ihren Geschlechtsorganen spielen, weil sie ihre Kinder aus Prinzip nicht schlagen (was in der Tat ein erheblicher Fortschritt ist). Sie pflegen nur das Vorurteil: Es gibt Wichtigeres im Leben und übergehen das Thema mit Schweigen. Sie drücken ihren Kindern Pinsel und Farbe in die Hand, damit sie etwas «richtig» Kreatives schaffen können und nicht mit dem eigenen Körper kreativ sind. Nun mag es für Kinder wie auch für Erwachsene tatsächlich neben der Sexualität andere wichtige Dinge geben. Aber Sexualität ist schon bei Kindern keine «zu vernachlässigende Größe». Kinder, die sich diesem hier skizzierten «Erziehungsstil» ausgesetzt sehen, müssen das Gefühl haben, mit ihren sexuellen Regungen in Watte gepackt zu sein. Ihnen macht es Spaß, und ihre Eltern ignorieren das einfach.

Ganz anders verfahren die Anhänger eines dritten «Vorurteils»: Sie meinen, ihr Kind könne nicht genug über Sexualität reden und erfahren. Weil es für Erwachsene vielfach das «Thema Nr. 1» ist, muß das dann auch für Kinder gelten. Nichts dagegen, mit Kindern über Sex zu reden. Aber: Diese Eltern machen es bei jeder passenden und unpassenden Gelegenheit, können nicht auch mal auf Fragen der Kinder warten.

Diese «Erzieher» sitzen dann meistens noch einer weiteren falschen Annahme auf: Sexualerziehung soll Kindern beibringen, wie es Erwachsene treiben. Das ist eine Grundposition, die durch alle Richtungen der Sexualpädagogik verbreitet ist und in den meisten Aufklärungsbüchern ihren Niederschlag findet. Die sexuellen Regungen und Praktiken von Kindern werden zwar anerkannt. Sie werden aber betrachtet als «unentwickelte Vorform», die sich dann, spätestens mit der Pubertät, dazu entwickeln soll, was Erwachsene unter Sexualität verstehen. Die Psychologie hat zu solchem Verständnis das Ihre beigetragen, z.B. durch Freuds Annahme, die kindliche Sexualität entwickle sich auf einer Art Stufenleiter vom lustvollen Saugen über das Spielen mit den Ausscheidungen dann endlich zum Umgang mit den eigentlichen Geschlechtsorganen. Einmal spricht er davon, daß die kindliche «phallische Phase», also die, in der der Phallus, der Pimmel, in den Vordergrund rückt, «der Endgestaltung des Sexuallebens bereits recht ähnlich ist» (Freud 1969, S. 16). Die sogenannte Genitalität wird zum Höhepunkt der Entwicklung. Daß diese Entwicklung tat-

24

sächlich auch ein «Abstieg» sein kann, daß Erwachsene vielfach zu sehr Sexualität auf ihre Geschlechtsorgane beschränkt sehen und mit dem Mund, den Fingern, der Haut so recht nichts Sexuelles anfangen können, daß also kindliche Sexualregungen vielleicht vielfältiger sind, wird demgegenüber übersehen. Gerade für diese Sichtweise könnte man nun jedoch wieder Freud heranziehen, der «sexuell» als Begriff verstehen will, der «viele Tätigkeiten, die mit den Genitalien nichts zu tun haben» umfaßt (Freud 1969, S. 15). Vielleicht in Anknüpfung daran weist z.B. der Reich-Schüler Borneman darauf hin, daß die Entwicklung von der kindlichen zur erwachsenen Sexualität ein «Abbau» sein könnte (Borneman 1988, S. 185). Er läßt aber in anderem Zusammenhang, so widersprüchlich sind manchmal Sexualwissenschaftler, seine Geringschätzung kindlicher und jugendlicher Sexualität durch einen Feldzug gegen die Selbstbefriedigung zu Tage treten.

Die Selbstbefriedigung ist nun einmal eine der ersten sexuellen Betätigungen von Kindern; auch im Jugendalter wird sie gepflegt. Das akzeptiert Borneman. Ärgerlich wird er aber, wenn insbesondere Männer diese liebe Gewohnheit ins Erwachsenenalter «hinüberretten» (vgl. Borneman 1978, S. 46). Wer die Selbstbefriedigung so kritisiert, fordert damit natürlich eine Sexualerziehung, die den Jugendlichen die Masturbation ab- und den Geschlechtsverkehr angewöhnen soll, der eben wohl doch die Krone der «sexuellen Schöpfung» ist. Da steht er, der Sexualforscher und -pädagoge, der weiß oder weismachen will, was richtig ist und was falsch. Sexuelle Befriedigung ist natürlich auch die eigene Befriedigung, nicht nur die des Partners. Und Selbstbefriedigung kann auch im Erwachsenenalter schön sein, ein natürlicher Bestandteil einer breit gefächerten Palette sexueller Betätigungsmöglichkeiten. Es gibt keine «bessere» und keine «schlechtere» Sexualität, es gibt nicht die «normale Sexualität», es gibt nichts «Unentwickeltes» und «Entwickeltes»; es gibt verschiedene Möglichkeiten, Sexualität zu entfalten, allein, mit einem oder mehreren Partnern, gleichen oder anderen Geschlechts.

In den letzten Jahren haben wir es vermehrt mit Diskussionen um die Schattenseiten der «sexuellen Befreiung» zu tun. Konservative Kräfte haben dazu ja schon immer in den letzten zwanzig Jahren den Teufel an die Wand gemalt. Politiker, die sonst den Kapitalismus für das Beste auf Erden hielten, nannten die Pornographie «Sumpfblüte» eben jenes Wirtschaftssystems. Die Stimmen, die Sex auf die Ehe

beschränken und die Lust durch das Verbot der Empfängnisverhütung eindämmen wollten, sind ohnehin nie verstummt. Inzwischen regen sich aber auch von ganz anderer Seite Bedenken gegen allzuviel Freizügigkeit. Feministinnen wollen die Pornographie wieder verbieten. In Hinblick auf Kinder wird das Thema des sexuellen Mißbrauchs durch Erwachsene seit Jahren ausführlich behandelt. Dieses Unbehagen mit den Schattenseiten hat auch, was den Umgang mit der Sexualität der Kinder angeht, neue «Vorurteile» oder besser: Befürchtungen geschaffen. Eltern sollen zurückhaltender mit ihren Kindern zärtlich sein, die Information über Sexualität weniger offen. Mit dieser neuen Entwicklung werde ich mich später im Zusammenhang mit dem «sexuellen Mißbrauch» befassen.

Der Umgang mit der Sexualität der Kinder ist immer noch weit davon entfernt, selbstverständlich und einfach zu sein. Kein Wunder, ist er doch ein Spiegelbild des Umgangs der Erwachsenen mit ihrer Sexualität. Und die ist trotz aller Veränderungen der letzten Jahrzehnte auch noch weit davon entfernt, sich selbstbestimmt und emanzipiert zu entfalten.

Kapitel 2

Sexualität im Alltag

Erwachsene begreifen oder verstehen oftmals das Verhalten ihrer Kinder recht schwer. Da sitzt man z.B. abends mit mehreren Erwachsenen beim Abendbrot, unterhält sich nett. Die Kinder sitzen daneben und fangen auf einmal an, das Tischtuch wegzuziehen, den Käse durch die Gegend zu werfen und vieles mehr, was Erwachsene stört. Dann ist man ärgerlich und begreift vielleicht nicht, daß sie sich durch das Gespräch der Erwachsenen einfach «außen vor» fühlten, nicht einbezogen. Mit ihren Aktionen waren sie auf einmal «mitten drin» im Geschehen, weil jetzt alle Erwachsenen entweder fluchten, schimpften und drohten oder aber das «kindliche Fehlverhalten» zu ergründen suchten. «Unartig» nannte man das früher, etliche Eltern werden es auch heute noch so bezeichnen, andere sprechen von «Provokation» oder «Frust ablassen». Dabei ist die Erklärung so einfach, und mit etwas Rücksicht ließen sich die Interessen von Erwachsenen und Kindern auf einen Nenner bringen.

Im Hinblick auf die Sexualität ist die Begriffsstutzigkeit besonders beklagenswert. Ich erinnere mich noch gut an eine Diskussion in einer Elterngruppe Mitte der siebziger Jahre. Es ging um die Fragen: Haben unsere Kinder eine Sexualität? Wenn ja, wie äußert sie sich? Es kamen sehr viel Berichte von Eltern, was sicherlich nicht in jeder Elterngrup-

pe so sein wird. Die meisten erzählten, daß ihre Kinder, zwischen drei und dreizehn Jahren, mit ihren Geschlechtsorganen spielen und dabei sehr unterschiedliche Praktiken anwenden. Den Vogel schoß jedoch ein Vater, im Beruf ein außerordentlich kreativer und findiger Ingenieur ab, der behauptete: «Daß meine dreijährige Tochter eine Sexualität hat, habe ich neulich nach dem Duschen gemerkt. Da hat sie mich kräftig am Schwanz gezogen.» Er hatte natürlich die Lacher auf seiner Seite; Widerspruch erntete er nicht.

Dabei war das ein typisches Erwachsenen-Vorurteil. Als Sexualität wird anerkannt, was mit den Geschlechtsorganen zu tun hat. Wenn sich das Interesse des Kindes gar dem Penis des Vaters zuwendet, ist der Fall eindeutig: Mein Kind ist ein sexuelles Wesen.

Es ließe sich zumindest darüber streiten, ob es überhaupt etwas mit Sexualität zu tun hat, wenn kind dem Vater am Geschlechtsteil zieht. Kinder ziehen an allem möglichen: Haaren, Ohren, Nase, Bart. Das machen sie nicht nur, wenn und weil sie sauer oder böse sind. Sie machen es aus reinem Spaß. Beim nackten Körper des Vaters bietet sich für solchen Spaß eben nicht nur die Nase an, sondern und besonders das, was «in Griffhöhe» angebracht ist und auch recht griffig aussieht. Es kann also auch nur ein lustiges Spiel gewesen sein.

Lustvolles Stillen und Schmusen

Die eben beschriebene Diskussion liegt etliche Jahre zurück. Neulich überraschten uns die Erzieher in der Kindergruppe mit einem Anliegen. Sie wollten nicht nur mit uns über die Sexualität der Kinder diskutieren; vorher sollten wir auch noch einen Fragebogen ausfüllen. Der Fragebogen war ein Gang durch den Alltag mit unseren Kindern, vom Stillen über Schlafgewohnheiten bis zum Matschen, zwischendurch gab es dann auch «eindeutig» sexuelle Fragen, z.B. nach den Namen, die unsere Kinder ihren Geschlechtsorganen geben. Ob der Bogen vor den kritischen Augen eines Sexualwissenschaftlers Bestand haben würde, wage ich zu bezweifeln. Er war aber ein gutes Hilfsmittel für unser geplantes Gespräch.

Hier nur eine Auswahl aus den «heißen» Antworten:

Eine der ersten Fragen befaßte sich auf sehr überraschende Weise

mit dem Stillen der Kleinstkinder, also mit dem Nuckeln an der Brust: «Der Koran legt die Dauer für eine optimale Stillzeit auf 2 Jahre fest. Was hältst du davon?»

Ausgangspunkt war ein Zeitungsartikel gewesen: «Algerierinnen wollen kürzer ‹stillen›» (*Welt*, 28.8.1989). In Algerien, einem islamischen Land in Nordafrika, gibt es drei Frauenorganisationen, die sich zum Ziel gesetzt haben, die Intoleranz gegenüber Frauen zu bekämpfen. Bereits 1973 erreichten sie nach langen Diskussionen die Aufhebung diskriminierender Gesetzesvorhaben. Sie protestierten 1981, wieder mit Erfolg, gegen die Absicht der algerischen Regierung, den Frauen Reisen ins Ausland nur in Begleitung eines erwachsenen Mannes zu gestatten. Heute fordern sie mit Nachdruck das Verbot der Polygamie, d.h. der Ehe eines Mannes mit mehreren Frauen. Last, not least fordern die Frauen die Änderung des Familiengesetzes, wonach die «Frau ihrem Mann als dem Oberhaupt der Familie unbedingt Gehorsam» schuldet. Danach hat die Frau zwar ein Recht auf Arbeit, dieses wird jedoch vom Mann außer Kraft gesetzt, indem er unter Berufung auf den Koran, das heilige Buch des Islam, seine Frau zu einer langen Stillzeit zwingen kann und sie somit an Haus, Kind und Mann bindet. Und genau hier wollen die Frauen mehr Freiheit.

Da hatten die Erzieher uns, wie so oft in pädagogischer Absicht, nebenbei noch einmal den Unterschied zwischen unserer Kultur und der des Islam, mit dem wir u.a. durch die ausländischen Mitbürger konfrontiert sind, deutlich gemacht. Hierzulande ist es eine neue «Müttergeneration», die wieder fürs Stillen plädiert, dies als Beitrag zum neuen Selbst- und Körperbewußtsein betrachtet, während dort emanzipierte Frauen gegen das Stillen als Fessel für die Frau auftreten. Aber das war nur der «Aufhänger». Nun zu den Antworten.

Die Umfrage ging knapp zugunsten der Frauen aus: Drei Elternteile hielten eine lange Stillzeit für frauenfeindlich, zwei meinten, es sei das beste für das Kind. Die anderen Eltern bezogen eine «sowohl als auch»-Position: Die Frau solle unter Berücksichtigung der berechtigten Interessen des Kindes entscheiden, wie lange sie ihm die Brust geben will.

Eine Mutter wandte ein, daß Kind und Mutter einfach unterschiedliche Interessen hätten: Eigentlich wollten die Kinder möglichst lange nuckeln, während dies der Mutter irgendwann zuviel würde. Außerdem kämen für viele Frauen «objektive» Gründe dazu, mit dem Stillen aufzuhören, z.B. wenn sie wieder berufstätig werden wollen. Nicht

ohne Grund würde ja davon gesprochen, daß frau das Kind «abstillt», also ihm die Brust entzieht.

Bevor wir uns dieser Lust unserer Kinder jedoch zuwandten, sprachen wir erst mal über unsere Empfindungen beim «Stillen». Für die Männer als Zuschauer waren die Antworten einfach: Sie fanden es niedlich, süß oder rührend. Einige hatten es auch genossen, dem Kind beim Genießen zuzusehen. Kein Mann hatte das Gefühl, daß sich das Baby zwischen die Frau und ihn selbst drängt. Bei diesem Ergebnis mußten wir Mütter doch etwas lachen. Sollten unsere Männer niemals eifersüchtig gewesen sein, wenn wir unsere Kinder stillten?

Die Mütter hatten im Durchschnitt ihren Kindern ein Jahr lang die Brust gegeben. Fünf von sechs räumten ein, «zärtliche, aber nicht-erotische» Gefühle gehabt zu haben, nur eine sprach von «zärtlichen und erotischen Gefühlen», das Nuckeln des Kindes an der Brust habe sie sexuell stimuliert.

Bei der Frage nach den Gefühlen ihrer Kinder kreuzten alle Väter und Mütter an, das Kind habe damit Hunger und Durst gestillt bzw. das Bedürfnis nach Körperkontakt und Wärme befriedigt, nur noch sieben von elf konnten sich vorstellen, daß das Kleinkind sexuelle Lust damit befriedigt hat. Ins Gespräch kamen dann aber noch andere Erfahrungen: Eine Mutter berichtete, daß ihr Sohn beim Stillen oft ein steifes Glied bekam. Eine andere beobachtete, daß ihr Sohn sich, als sie mit ihm in der Badewanne lag und er an ihrer Brust nuckeln wollte, gleichzeitig am Schwanz zog. Ein kleines Mädchen spielte im Sommer am Strand beim Brustnuckeln mit den Händchen an ihrer Möse. So trugen alle Eltern Erinnerungen zusammen, die auf eindeutig sexuelle Gefühle der Kinder beim Stillen hindeuten.

Diese Erkenntnisse sind nicht neu. Schließlich hatte schon Freud für die «orale Phase» festgestellt, daß Lippen und Mundhöhle bereits eine «erogene Zone» sind. Daß Babies beim Saugen sexuell genießen, wurde übrigens von der sowjetischen Psychoanalytikerin Wera Schmidt Anfang der zwanziger Jahre empirisch bestätigt (Kentler 1988, 61 ff.).

Ihnen «eindeutig» sexuell erscheinende Regungen hatten die Eltern jedoch nicht nur beim Brustsaugen entdeckt. Eine Mutter berichtete, daß ihre Tochter manchmal still und zufrieden im Bett liegt und sich dann auf den Bauch dreht, die Beine anzieht und dabei wippt. Alle erinnerten sich daran, daß die Babies sich mit sichtlichem Genuß Po, Möse oder Pimmel eincremen ließen. Einige machen das heute selbst und verteilen das Zeug auf den ganzen Körper. Ein Vater erzählte, daß

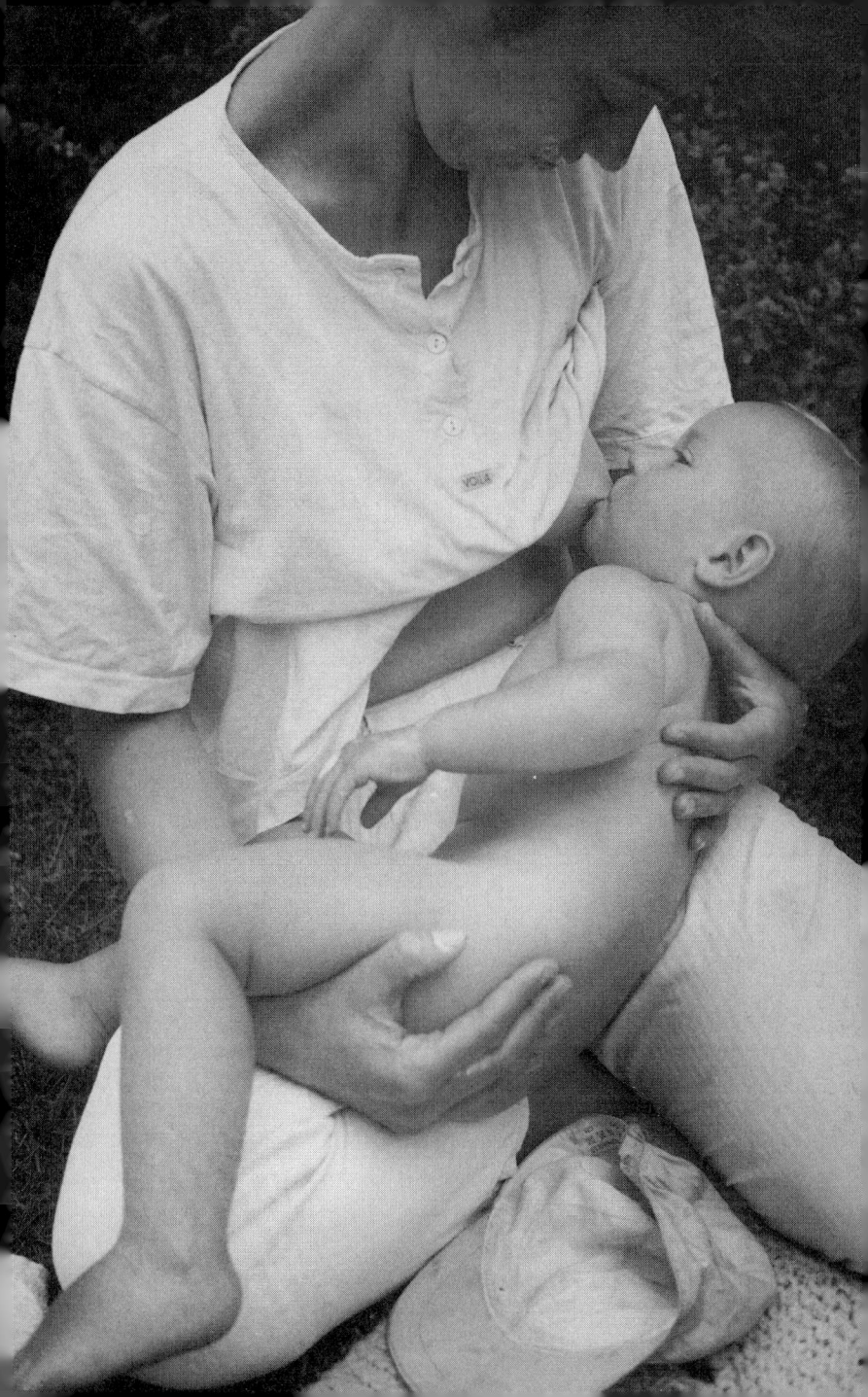

er seinen Sohn häufig am Schwanz spielen sieht und dieser dann auch steif wird. Das Kind würde im Sommer, aber auch in der gut beheizten Wohnung im Winter nackt herumlaufen. Sie würden zu Hause dann lieber mal eine Pfütze auf dem Boden im Kauf nehmen. Ihnen wäre es wichtig, daß ihr Kind nicht so «eingekleidet» und mit Windeln «verpackt» herumläuft. Das sah eine andere Mutter nun gar nicht ein, den «Feudel» für ihr Kind zu spielen. Die Erzieher(innen) in der Kindergruppe hatten, was sicherlich für einen Kindergarten eine Ausnahme ist, die Kinder ohnehin im Sommer weitgehend uneingepackt herumlaufen lassen und setzten sich energisch dafür ein, das auch zu Hause zu praktizieren. Dem Einwand eines Vaters, er würde ja auch nicht im Sommer die Hose ablegen, begegneten sie mit einem Argument: Erwachsene können jederzeit, wenn ihnen danach ist, sich allein auszuziehen. Kleine Kinder haben demgegenüber erhebliche Probleme, sich ohne fremde Hilfe von den lästigen Höschenwindeln zu trennen.

Unsere Kinder empfinden das Saugen an der Brust offenbar als sexuellen Lustgewinn, sie spielen gern mit ihren Geschlechtsorganen. Wir haben Schwierigkeiten, das wahrzunehmen. Beim Stillen mögen wir uns selbst vielleicht nicht eingestehen, daß es etwas mit Sexualität zu tun hat. Die Geschlechtsorgane packen wir zu oft und zu lange ein, und bei Mädchen sieht man es sowieso schwer, wenn sich Lust regt. Nachdem wir uns mit diesen Zwischenergebnissen etwas mit dem vertraut gemacht hatten, was die Psychologie «orale» (auf den Mund bezogene) und «genitale» (auf die Geschlechtsorgane bezogene) sexuelle Äußerungen nennt, sah der Plan unserer Erzieher(innen) vor, uns auch noch mit den «analen» Regungen, also denen, die mit den Ausscheidungen zu tun haben, vertraut zu machen. Uns Eltern stand aber mehr der Sinn, darüber zu diskutieren, wie wir mit der Sexualität unserer Kinder umgehen.

«Ich finde, es hat z.B. viel mit Sexualität zu tun, wenn mein Kind mit mir schmust oder wenn es nachts zu mir gekrabbelt kommt und sich ankuschelt», gab eine Mutter die Richtung an. Und wir trugen zusammen, welche Erfahrungen wir haben. Neun von elf Eltern hatten im Fragebogen angekreuzt, daß ihr Kind sie streichelt oder küßt. Das erschien uns nicht selbstverständlich, weil beides erst gelernt sein will. Vier Mütter und Väter hatten dann auch schmerzhafte Schmuseerfahrungen gemacht: Ihr Kind beißt sie manchmal auch, ohne daß das irgendwie böse gemeint ist. Fast alle Eltern hatten aber auch schon festgestellt, daß die Kinder es manchmal abwehren, mit uns zu schmu-

sen. Wir zogen daraus den Schluß, daß auch kleine Kinder, genauso wie Erwachsene, nicht immer Lust auf Zärtlichkeit und Körperkontakt haben.

Geschmust wird nicht nur tagsüber. Überrascht stellten wir fest, daß im Gegensatz zu unseren Eltern keiner von uns sein kleines Kind nachts ins Kinderzimmer verbannt hat. Alle Kinder schlafen entweder bei einem Elternteil im Bett oder kommen gelegentlich oder regelmäßig im Laufe der Nacht angekrabbelt, um mit uns zu kuscheln. Einige Eltern berichteten, daß Freunde und Verwandte die Hände über dem Kopf zusammenschlagen, wenn sie das hören. Aber ändern wollte keiner von uns seine bisherige Praxis, allen kam es wohl mehr oder weniger unsinnig vor, Kinder nachts aus irgendwelchen pädagogischen Prinzipien wieder ins eigene Bett zu tragen.

Etwas mulmig war einigen Eltern bei der Frage, wo denn die «Grenzen» beim Schmusen mit dem Kind sind, und vor allem, wo das hinführen soll. Ein Vater berichtete, daß sein Sohn häufiger, wenn er mit ihm in der Badewanne sitzt, mit beiden verfügbaren Pimmeln spielt und dabei auch der des Vaters steif wird. Der Eineinhalbjährige freut sich dann, der Erwachsene ist eher unangenehm berührt. Eine Mutter erzählte, daß ihre Siebenjährige nach der Geburt ihrer Schwester auch einmal die Muttermilch probieren wollte. Da ging es sicher nicht nur um den Geschmack, sie wollte sich auch vergewissern, daß ihre Mutter sie genauso lieb hat wie das Baby. Ein Vater gab zu bedenken: «Und was ist, wenn ein zwölfjähriger Junge mit seiner Mutter ficken will?» Das löste ein lebhaftes Echo aus. Eine Mutter: «Grundsätzlich sollten die Grenzen beim Schmusen *vom Kind* gesetzt werden. Wenn dir etwas nicht gefällt, dann mußt du versuchen, deine Ablehnung einsichtig zu machen. Daß dir z.B. der Pimmel steif wird, wenn dein Sohn daran spielt, liegt in der Natur der Sache. Damit tust du ihm doch nichts an. Er findet das lustig. Und was den zwölfjährigen Jungen angeht, ist das doch an den Haaren herbeigezogen.» «Natürlich soll es Jungen geben, die davon träumen, mit ihrer Mutter zu schlafen», meinte ein Vater, «aber das sind meistens die, für die die Mutter in der Kindheit ein ‹unnahbares Wesen› gewesen ist, also jemand, den man nicht anfassen, mit dem man nicht kuscheln durfte.»

Auf jeden Fall waren wir uns einig, daß wir, auch wenn wir es uns vielleicht nicht eingestehen, Ängste haben, es mit der Zärtlichkeit zu übertreiben. Angesichts der Tatsache, daß «Sex» zwischen Eltern und Kindern seit langer Zeit tabuisiert wird, waren uns die Wurzeln dieser

Angst auch klar. Und es ist ja auch tatsächlich ein Problem, wie ich im Kapitel über «Sexuellen Mißbrauch» noch genauer ausführen werde.

Wenn wir unseren Kindern Liebe und Zärtlichkeit geben, wie es alle Eltern versuchen, fragt es sich natürlich, und das hatten unsere Erzieher natürlich im Fragebogen auch nicht vergessen, ob das zu Lasten der Liebe und Zärtlichkeit geht, die wir mit unseren erwachsenen Partnern teilen. Durch die Geburt unserer Kinder fühlten wir uns fast alle in unserem Sexualleben beeinträchtigt. Nur ein Elternteil, eine Mutter, hat seitdem mehr Spaß am Sex. Die meisten klagten über weniger Zeit und Ruhe. Bei einigen ging es schon vor der Geburt los, andere haben einfach weniger Lust. Zwei Gründe wurden genannt. Einmal der mehr sachliche: Da liegt ja nun auch ein Kind im Bett, weniger Zeit, mehr Streß und damit weniger Ruhe. Diese Argumente kamen vor allem von den Männern. Wir Frauen brachten mehr individuelle Gründe vor: Wir fühlen und fühlten uns in unserem Frausein, unserem Äußeren, anders und zumindest verunsichert. Wenn wir uns selbst nicht schön finden mit unserem Schwangerschaftsstreifen auf dem Bauch, wie sollen uns andere dann begehrenswert finden.

Aber das mit dem Schönheitsbild von uns Frauen wollten wir nicht weiter auf dem Elternabend diskutieren, sondern dazu sollten wir Frauen mal ohne Väter in die Kneipe gehen, meinte eine Mutter.

Sexualität ist Alltag

In der Kneipe traf ich zunächst meine feministische Freundin Karola. Ich kenne sie aus der Frauenbewegung. Sie hatte sich in den siebziger Jahren gegen den § 218, also das Abtreibungsverbot, engagiert, aber auch gegen die alltägliche Benachteiligung von Frauen und die männliche Überheblichkeit. Ich diskutiere gern mit ihr, weil sie Aspekte einbringt, die ich nicht gesehen habe, und weil man sich mit ihr so gut streiten kann, ohne sich dabei zu entzweien. Diskussionen mit ihr sind manchmal anstrengend, aber immer interessant.

Ich erzählte ihr von der «guten» Diskussion. Prompt stieß ich auf Widerspruch: «Schwanzfixiert!» kommentierte sie, um dann versöhnlich fortzufahren: «Na gut, ihr habt gemerkt, daß für das Kind schon das Nuckeln an der Brust etwas mit Sexualität zu tun hat. Aber im

großen und ganzen habt ihr Sexualität eurer Kinder nur wahrgenommen, wenn es sich am Pimmel abspielt.»

«Und an der Möse», warf ich zaghaft ein.

«Eben nicht! Wie erklärst du dir denn, daß Eltern fragen, wie sie sexuelle Regungen von Mädchen feststellen können. Nur weil da nichts in die Luft ragt, soll da nichts sein oder nichts zu erkennen sein? Wenn man sich mit der Sexualität seiner Kinder beschäftigen will, muß man gründlich hingucken und entdeckt sie an Punkten, die mit dem Schwanz wenig zu tun haben. Aber ein bißchen seid ihr dem ja auf die Spur gekommen.»

Ich glaubte, sie schlagen zu können: «Da sagst du ja das gleiche wie Freud, den du überhaupt nicht magst. Der behauptet auch, das sogenannte Sexuelle umfasse viele Tätigkeiten, die mit den Genitalien nichts zu tun haben. Ist ja wohl auch richtig. Aber du gibst ihm recht?»

«Warum soll er nicht an einem Punkt auch einmal recht haben?» entgegnete sie, «außerdem erwähnt er das nur am Rande, danach dreht sich für ihn – er ist ja ein typischer Macker – alles nur noch ums männliche Geschlechtsteil: Penisneid usw.»

Und dazu wollte sie mir nun unbedingt noch eine Geschichte erzählen. Neulich habe sie einige Kinder aus der Schule abgeholt. Beim Autofahren höre frau dann die spannendsten Geschichten. Vier Kinder, zwei Jungen, zwei Mädchen, hätten sich über Muschis, Pimmel und Babies unterhalten:

«*Melanie: Ingo kann seinen Pimmel rauf und runter bewegen, wenn er will. Das sieht witzig aus, kannst du das auch?*

Jan: Nee, das kann ich nicht.

Melanie: Versuch das doch mal, das sieht wirklich witzig aus, ist doch nichts dabei, oder?

Kinder: Nee.

Jan: Aber ich habe schon mal meinen Pimmel in Claudias Muschi gesteckt. Da ist doch nichts dabei.

Florian: So machen meine Eltern das auch, und dann kriegen sie ein Baby.

Jan: Eigentlich ist das komisch. Wenn ein Samen ein Ei trifft, und das teilt sich dann. Das kann man sich gar nicht vorstellen, dann müßte ich

ja aus ganz vielen kleinen Teilen bestehen, und das stimmt ja nicht, oder?

Nadine: Doch, das wächst aber so. Die vielen kleinen Teile sieht man bloß nachher nicht mehr.

Florian: Wenn das Baby im Bauch wächst, könnte es ja eigentlich auch aus dem Mund rauskommen.

Nadine: Nee, da aus der Öffnung, wo es reingekommen ist, da kommt es auch wieder raus.

Florian: Aber der Mund ist doch auch eine Öffnung. Jeder Mensch hat zwei Öffnungen. Einen Mund, ein Kackloch, und du hast eine Muschi und ich 'nen Pimmel.

Melani: Ich habe in meiner Muschi ein Pischiloch, und du hast eines in deinem Pimmel.

Nachdenkliches Schweigen....

Oder?

Meine feministische Freundin Karola: Ja, das stimmt. Aber du hast nicht nur das Pischiloch in deiner Muschi. Du hast noch mehr.

Alle Kinder: Jaaaa?

Karola: Ja, beim Jungen kommen Pischi und Samen aus einem Loch, und wenn man dran reibt, macht es Spaß. Beim Mädchen ist alles schön unterteilt. Da ist ein Pischiloch, dann ein Loch, wo der Samen reinkommt und die Babies rauskommen, und dann gibt es noch ein Knöpfchen nur zum Spaßmachen. Wenn man daran streichelt, kitzelt es, und darum heißt das Kitzler.

Nadine: Ja, stimmt. Einen Kitzler habe ich auch.

Florian: So viele verschiedene Sachen haben die Mädchen? Das will ich auch noch haben.»

Die Geschichte war wirklich witzig und interessant. «Da hast du den Kindern ja weisgemacht, daß der weibliche Körper besser gebaut ist als der vom Mann. Wissenschaftlich haltbar ist das ja nicht. Und dann ist es doch genau die Umkehrung dessen, was die Männer immer behaupten: Ich habe was, was du nicht hast.», wandte ich ein. «Eben drum. Jetzt sind wir Frauen dran, uns als das überlegene Geschlecht zu

bezeichnen.» Da war etwas dran. Dann beschlossen wir, uns für den Rest des Abends nicht mehr mit Freud und der Sexualität unserer Kinder zu befassen.

Ich habe diese Diskussion auf dem Elternabend und die Einwände meiner feministischen Freundin hier etwas ausführlicher dargestellt, weil mir dabei wieder einmal klargeworden ist, daß der Umgang mit der Sexualität unserer Kinder keine Frage pädagogischer Vorsätze ist. Wir haben täglich und nächtlich damit zu tun. Wenn wir unser Kind ins Bett bringen oder wenn es morgens angekrabbelt kommt, wenn wir ihm den Po eincremen und den Unterleib mit Windeln umwickeln, wenn wir mit ihm baden, ihm die Brust geben, wenn es nackt durch die Gegend läuft, wenn es getröstet werden will, tobt oder kuschelt. Immer wenn kind sein Bedürfnis nach Körperkontakt, Zärtlichkeit, Wärme äußert, mit seinem Körper oder dem der Eltern oder anderer Kinder spielt, sind sexuelle Bedürfnisse im Spiel. In Diskussionen zum «Thema» kann man offenbar im Auto, in der U-Bahn und sonstwo verwickelt werden.

So ist «Sexualerziehung» auch gar nicht mehr schwer. Es gibt sie einfach nicht mehr. Wenn von Sexualerziehung die Rede ist, dann geht es meistens darum, sich einen Plan zu machen, wie man seinem Kind etwas über Sexualität beibringt. Man schaue sich dazu die Lehrpläne der Schulen an: Da wird die «Sexualerziehung» genauestens auf einzelne Fächer verteilt. Der Biologielehrer spricht im Anschluß an die Behandlung der Bienen die «Grundtatsachen der Fortpflanzung» an. Der Religionslehrer «klärt» über Fragen der «Ethik» auf. Der Sozialkundelehrer behandelt das Thema «Sexualität als Ware». Der Deutschlehrer interpretiert einen anstößigen Text von Bert Brecht. Und alle haben sie ihre «Lernziele».

Bei Eltern ist das anders. Wir leben mit den Kindern. Lehrpläne für das Thema «Sexualität» nützen wenig. Zielvorstellungen sind sicherlich hilfreich. Unsere Kinder konfrontieren uns mit ihrer Sexualität. Manchmal merken wir es gar nicht oder wollen es nicht wahrhaben. Wenn man dann sagt: «Im Zweifelsfall für die Freiheit des Kindes» und Toleranz walten läßt, ist schon viel gewonnen. Warum soll man es problematisieren, wenn der kleine Junge beim Nuckeln an der Brust einen steifen Pimmel bekommt oder das Mädchen genüßlich seine Möse krault? Am Ende gar fürchten, das Kind entwickle jetzt «sexuelle Neigungen» zur Mutter, und sich überlegen, wie das in die «richtigen Bahnen» zu lenken sei, gar noch in die Buchhandlung gehen, um sich

Freuds Abhandlungen über den «Ödipus-Komplex» zu besorgen? Man kann es einfach nur hinnehmen und sich freuen, daß das Kind sich wohl fühlt.

Sexualität unserer Kinder begegnet uns alltäglich und unverhofft, und sie fängt nicht erst dort an, wo sie sich die Geschlechtsorgane streicheln. Wie können wir ihnen helfen, diese Sexualität ohne die Schäden zu entwickeln, die uns unsere Erziehung angetan hat? Das ist eine gar nicht so einfach zu beantwortende Frage. Ich will das an einem Beispiel verdeutlichen. Frau kann mit Tochter sehr offen über sexuelle Regungen reden, frau kann es als selbstverständlich hinnehmen, wenn das Mädchen sich die Klitoris reizt und das schön findet, beide können nackt durch die Wohnung rennen, miteinander knuddeln usw. Damit ist viel gewonnen gegenüber vorhergehenden Eltern- und Kindergenerationen. Gleichzeitig spielt für die Tochter aber eine genauso wichtige Rolle, wie sie z.B. die Beziehung der Mutter zum anderen Geschlecht, wenn es die dann gibt, mitbekommt. Frau kann jede «emanzipatorische» Sexual«erziehung» der Tochter dadurch zumindest teilweise zunichte machen, daß sie ihr im eigenen Leben z.B. die typische Rollenverteilung zwischen Frau und Mann vorführt.

Wie Kinder ihre Sexualität entwickeln, hängt nicht nur von den unmittelbaren Entfaltungsmöglichkeiten ab. Mitentscheidend sind die sozialen Erfahrungen, die sie über den Bereich der Sexualität hinaus machen. Es gibt «sexuell tolerante» Eltern, die aber sonst ihr Kind durch unsinnige Ver- und Gebote, ungebetene Ratschläge in Lebensfragen einengen und ihm Selbstbewußtsein nehmen. Damit kann man Kindern auch den Spaß an der eigenen Sexualität vermiesen. Oder man macht sie zum «Rückzugspunkt»: Keiner hat mich lieb; dann habe ich mich wenigstens selber lieb. Es gibt heute die «Konsumkinder», denen ihre Eltern jeden Wunsch von den Lippen ablesen und die irgendwann meinen, das Leben bestehe nur daraus, einzukaufen und zu verbrauchen. Für solche Kinder wird dann natürlich auch «Sexualität» zum «Konsum»: Kind macht es sich selbst schön, wenn gerade im Fernsehen nichts Vernünftiges läuft. Nicht weil das Bedürfnis unbedingt da ist, sondern weil es kein besseres «Angebot» der Freizeitgestaltung gibt (vgl. Schmidt 1988).

Dabei hat nicht nur unser Verhalten gegenüber den Kindern Bedeutung. Kinder wachsen, zumindest von einem gewissen Alter an, mit Gleichaltrigen, mit anderen Kindern auf, im Kindergarten oder in der Nachbarschaft, später in der Schule. Kindergartengruppen, in

denen Eltern so über Sexualität diskutieren, wie ich es wiedergegeben habe, sind wohl noch die Ausnahme (vgl. Moysich 1990). Meistens kennen sich die Eltern nicht gut genug, die Erzieher haben andere Dinge zu tun, als noch ausführlich Elternabende vorzubereiten. Kinder können unterschiedliche Erfahrungen machen. Einerseits können sie in einer Kindergruppe offen, freundlich, friedfertig und solidarisch miteinander umgehen wie in der Kleinstkindergruppe: Da nehmen sie sich gegenseitig in den Arm, schmusen miteinander und spielen, auch wenn es mal einen handfesten Streit gibt. Andererseits können sie – nehmen wir als Beispiel den Schulhof– entgegengesetzte Erlebnisse haben: Jungen, die Mädchen hänseln mit irgendwelchen unausgegorenen sexuellen Schimpfworten. Aber selbst daraus könnten sie etwas lernen: daß Sexualität in dieser Gesellschaft immer noch nicht etwas ganz Selbstverständliches und Unanstößiges ist.

Kapitel 3

Spiele für alle fünf Sinne

«Touch me, feel me», so heißt ein Lied aus der Rock-Oper «Tommy»; vielleicht erinnern Sie sich noch daran: Berühre mich ! Faß mich an ! Streichel mich ! Fühle mich ! Wie ist es Ihnen ergangen? Waren Sie als Jugendliche nicht auch froh über diese Aufforderung und haben sie mit Händen gegriffen, sich Ihrem Freund, Ihrer Freundin zugewandt, das Gefühl genossen, jemanden in den Arm zu nehmen, anzufassen, in den Arm genommen und angefaßt zu werden. Und heute? Macht es Ihnen nicht immer noch Spaß?

Sexualität – das habe ich jetzt wohl deutlich gemacht – umfaßt den gesamten Körper. Wenn ich in diesem Kapitel Vorschläge mache für Spiele, Lieder, Reime, die mit Sexualität zu tun haben, erwarten Sie bitte nicht, daß nur solche Vorschläge kommen, bei denen es um Möse und Pimmel geht. Die mache ich auch, aber insgesamt sollen Spiele für alle Sinne unserer Kinder angesprochen werden.

Alle Spiele habe ich mit Kindern gespielt. Das heißt aber noch lange nicht, daß sie so gespielt werden müssen, wie ich sie aufgeschrieben habe. Sexualität lebt von der Kreativität und immer neuen Einfällen. Meine Erfahrung ist es, daß gerade Kinder in Spielen unerwartete Wendungen einbringen, Lieder und Reime umdichten. Lassen Sie sich darauf ein.

Einige Spiele sind altbekannt, Abwandlungen bekannter Spiele. Es ist eben nicht so, daß alle Spiele, die wir früher gespielt haben, heute nichts mehr für Kinder sind. Uns haben sie ja auch Spaß gemacht. Ich habe bei der Auswahl immer daran gedacht, was ich erreichen möchte: eine Sensibilisierung der Sinne für Zärtlichkeit, Sexualität und Liebe.

Dabei wird Ihnen auffallen, daß nur wenige Spiele mit «Gewinnern» oder «Verlierern» enden. Ich bin zwar nicht prinzipiell gegen faire Wettspiele, aber in unserem Zusammenhang ist es wichtig, daß die Kinder etwas *miteinander* machen und Körperempfinden austauschen. Es gibt einen Film des US-amerikanischen Komikers Woody Allen, «Bananas», in dem am Ende der Geschlechtsverkehr zwischen ihm und seiner Frau im Fernsehen übertragen und in der Form eines Boxkampfes kommentiert wird (bei dem im übrigen Woody Allen gewinnt). Der Film trifft ins Schwarze, weil leider in dieser Gesellschaft Sexualität zwischen Mann und Frau eine Art Kampf ist, bei dem frau unterliegt, sich den Wünschen des Mannes gefügig zeigen muß. Deshalb erscheint es mir wichtig, mit Kindern Spiele zu spielen, in denen sie gleichberechtigt geben und nehmen und am Ende alle gewonnen haben.

Körperspiele – nackte Spiele?

Bei einigen Spielen ist es ganz sinnvoll, wenn die Beteiligten, Kinder und Erwachsene, nackt sind. Es gibt dann z.B. einfach schönere Abdrücke im Sand, kind kann schöner mit Creme schmieren, das Streicheln ist direkt auf der Haut zu fühlen.

Trotzdem wirft Nacktheit beim Spiel Probleme auf.

Kinder empfinden in den ersten Lebensjahren Nacktheit als schön und natürlich – wenn man ihnen nicht von Anfang an beigebracht hat, daß sich das nicht gehört. Mit zunehmendem Alter wachsen die Vorbehalte, zumindest sich in Gesellschaft anderer Kinder auszuziehen bzw. dann, wenn Erwachsene dabei sind. Das ergibt sich wohl daraus, daß unsere Sexualerziehung immer noch den nackten Körper als etwas Außergewöhnliches, sehr Privates darstellt.

Ich finde es gut, wenn Kinder die Scheu vor der Nacktheit gar nicht erst bekommen oder, wenn sie sie dann haben, wieder verlieren. Aber

es sollte unter gar keinen Umständen ein Zwang daraus werden. Ein Freund erzählte mir vom Schwimmunterricht in den sechziger Jahren. Der Sportlehrer hatte es zur Regel gemacht, daß die Jungen vor dem Duschen die Badehosen auf einen Stapel legten und dann nackt duschen gingen. Vom Standpunkt der Hygiene ist es sicherlich richtig, vor dem Baden sich nackt zu duschen. Aber für einige Jungen war dieser Zwang, sich nackt ausziehen zu müssen, eine Tortur.

Eine grundsätzlich andere, aber vernünftige Regelung beschreibt die Grundschullehrerin Ingrid Thomasky. Sie hatte allen Schülern freigestellt, ob sie nach dem Sportunterricht duschen wollen. Einige Kinder bestanden auf der Badehose, andere lehnten das ab, «da man auch zu Hause beim Baden bzw. Duschen nichts an hat. Es kam folgender Beschluß zustande: Wer nach den Sportstunden mitduschen will, duscht nackt mit. Die Teilnahme ist freiwillig. Jeder hat das Recht, beim Duschen zuzuschauen. Es zeigte sich, daß beim 1. Mal 6 Schüler nicht mitduschten; sie schauten jedoch alle zu. Beim 2. Mal waren es nur noch zwei Schüler... Nach Rücksprache mit den Eltern erfuhr ich die Gründe... (Phimose, Beschneidung der Vorhaut). Nachdem auch über dieses Thema (...) in der Klasse gesprochen worden war, duschten auch diese Schüler mit» (Thomasky, 1981, S. 51).

Machen Sie es also bitte nie zur Regel, daß das Spiel nur nackt gespielt werden kann. Wenn Sie Vorbehalte spüren, schlagen Sie erst einmal ein anderes Spiel vor oder versuchen Sie, die Ängste behutsam zu lösen. Zur Nacktheit gezwungene Kinder werden zugeknöpfte Erwachsene. Dabei verstehe ich es auch schon als Zwang, wenn sich alle Kinder einer Gruppe ausziehen, eines das nicht will und deswegen verlacht wird. Besprechen Sie mit den Kindern, daß solche Scheu nur überwunden werden kann, wenn man sie erst einmal akzeptiert.

Uns Erwachsenen fällt es wohl ohnehin schwer, mit nacktem Beispiel voranzugehen. Wir sind eben anders erzogen worden. Ich laufe zu Hause nackt herum und spiele so auch mit meinen Kindern. Wenn Sie damit Probleme haben, sollten Sie als Frau vielleicht einmal an die Situation denken, in der Ihr Kind Ihren Körper verlassen hat: Sie waren nackt, das kleine Wesen war nackt, und das Gefühl, den kleinen neugeborenen Körper auf dem Bauch zu spüren, hat sicherlich, wenn die Geburt nicht allzu kompliziert war, etwas entschädigt für die Schmerzen und Anstrengungen. Als Mann haben Sie diese sinnliche Erinnerung natürlich nicht; aber vielleicht, wahrscheinlich gehören Sie zu den vielen Vätern, die bei der Geburt ihres Kindes dabeigewe-

sen sind. Dann können Sie sich sicherlich vorstellen, was ich meine. Aber auch hier gilt: Zwingen Sie sich nicht etwa aus pädagogischer Einsicht zu etwas, was Sie nicht wollen. Dann machen gerade Körperspiele keinen Spaß.

Vollends kompliziert mit der Nacktheit wird es, wenn Sie nicht nur mit dem eigenen Kind spielen. Beim gemeinsamen Urlaub an Dänemarks Stränden z.B. ist es ja fast gang und gäbe, nackt herumzulaufen. Aber beim Spielen zu Hause? Hier ist es schon sinnvoll, sich mit den Eltern der anderen Kinder zu verständigen. Für Menschen, die beruflich Kinder erziehen, ist die Entscheidung noch schwerer. Sobald sie sich ihrer ordentlichen Erzieher(innen)-Dienstkleidung außer beim Duschen vorm Schwimmen entledigen, steht der Verdacht des «sexuellen Mißbrauchs» im Raum. Dabei kann es, ich kenne aus eigener beruflicher Erfahrung Beispiele, Situationen geben, in denen die Kinder auf einmal anfangen, sich auszuziehen, und der angezogene Erwachsene plötzlich als Fremdkörper in der Gruppe herumsteht. Erzieher(innen) sollten dann meiner Meinung nach pädagogisch entscheiden und vor allem entscheiden dürfen, ob sie sich zurückziehen oder sich den Kindern anschließen.

Bevor ich jedoch zu «nackten Spielen» komme, werden eine ganze Reihe anderer Spiele vorgestellt, die angezogen gespielt werden können und trotzdem etwas mit Zärtlichkeit, Liebe und sexuellen Regungen zu tun haben oder zu tun haben können.

Kinderreime einmal anders

Gereimtes läßt sich leichter behalten, der Gleichklang der Versenden klingt gut. Noch schöner ist es natürlich, wenn es dazu noch Musik gibt. Man kann sogar Spiele um Lieder und Reime ranken lassen.

Dazu aber noch eine notwendige Vorbemerkung. Es gibt unzählige Kinderreime und -lieder: die «harmlosen», die uns schon früher unsere Mütter beigebracht haben, und dann wahrscheinlich in noch größerer Anzahl diejenigen, die auch heute Kinder am liebsten nur von sich geben, wenn sie unter sich sind. Meine Tochter kennt z.B. den, der Ihnen vielleicht auch noch aus der Schulzeit geläufig ist: «Banane,

Zitrone,/ an der Ecke steht ein Mann,/ Banane, Zitrone,/ der macht die
Frauen an,/ Banane, Zitrone,/ er nimmt sie mit nach Haus,/ Banane,
Zitrone,/ er zieht sie nackend aus,/ Banane, Zitrone,/ er nimmt sie mit
ins Bett,/ Banane, Zitrone,/ er fickt sie dick und fett.»

Ich mag diesen Vers wegen der frauenfeindlichen Geschlechtsrol-
lenzuweisung nicht. Diese Verse spiegeln das Interesse der Kinder an
diesen Fragen wider, ihre Vorstellungen über die Sexualität der Erwachsenen und auch das, was sie durch ihre Eltern über Sexualität
erfahren. Ernest Borneman hat einige tausend solcher Verse gesam-
melt; viele haben das gleiche «Niveau» wie der oben zitierte (Borneman 1981).

Sich immer nur darüber zu ärgern oder sie gar zu verbieten, nützt
natürlich überhaupt nichts. Vielleicht denken Sie sich lieber selber
Verse aus, in denen die Geschlechtsorgane oder auch sexuelle Vorgänge vorkommen, z.B. für kleine Kinder:

«Die Sonne steht am Himmel,
der Junge hat 'nen Pimmel,
das Mädchen hat 'ne Möse,
und beide essen Klöße.»

Statt «Junge» oder «Mädchen» können Sie auch die jeweiligen Namen
der Kinder einsetzen. Wenn Sie für die Geschlechtsorgane andere
Bezeichnungen haben, müssen Sie natürlich anders reimen (z.B.
«Wischi, waschi, wuschi, das Mädchen hat 'ne Muschi»). Auch sexuelle Praktiken kann man natürlich in Verse fassen, z.B.:

«Ich spiel mit viel Getöse
mit meiner kleinen Möse,
das kitzelt mich dann so
und macht mich richtig froh.»

Und warum sollten Sie nicht Ihre sexuellen Wünsche auch einmal in
Reimform Ihrem Kind mitteilen: «Ich finde deine Mutter nett, drum
gehn wir beide jetzt ins Bett», «Wir möchten gerne Liebe machen,
erfinden dabei tolle Sachen», «Wir woll'n ein bißchen ficken, drum laß
dich bloß nicht blicken».

Mundspiele

Der Mund ist vor allem für kleine Kinder ein besonders wichtiges Sinnesorgan. Sie entdecken die Welt darüber, wollen sich alles Angenehme «einverleiben». Und: der Mund dient auch der Lust. Nicht nur beim Kleinkind, sondern auch bei Erwachsenen. Man braucht gar nicht darüber zu spekulieren, ob Raucher ein sexuelles Verhältnis zur Zigarette haben. Viele Erwachsene küssen gern, werden geküßt, und das nicht nur auf den Mund oder die Wange.

Die «oralen Bedürfnisse» des kleinen Kindes können aber erhebliche Probleme aufwerfen. Wer hat nicht schon mit seinem Eineinhalbjährigen auf dem Spielplatz oder im Park die Erfahrung gemacht, daß sich der kleine Mensch nach allen möglichen Dingen bückt und sie sofort ausprobiert und in den Mund steckt. Das Stöckchen, den Stein, das nicht giftige Blatt, den Sand erlauben wir ja noch. Mit einem flinken Sprung entwenden wir gerade noch rechtzeitig die Hundeködel aus der Hand des Kindes.

Ich möchte Sie aber zu größtmöglicher Toleranz ermutigen. Gestatten Sie Ihrem Kind, soweit es sich nicht verletzen oder gefährden kann, seine Welt zu beschmecken.

Es gibt eine Menge schöner Spiele, die die Sinnlichkeit des Mundes und des Geschmacks fördern und befriedigen. Meine Auswahl beschränkt sich auf solche, die eine Interaktion mit anderen Kindern oder zwischen Kind und Erwachsenen erfordern.

Wir kommen immer näher können Sie auch mit Ihrem Kind allein spielen. Sie brauchen nur einen eßbaren Gegenstand, der zwei Enden hat, nicht allzu hart ist und den Ihr Kind gerne mag. Zum Beispiel eine Salzstange oder eine Makkaroni. Sie nehmen das eine Ende in den Mund, Ihr Kind das andere, und dann kommt man sich durch Knabbern munter näher. Dies Spiel knüpft an die doppelte Funktion des Mundes als Organ zur Nahrungsaufnahme und als «erotische Zone» an.

Nebenbei: Vielleicht ist es Ihnen auch schon passiert, daß Sie frisch verliebt Ihrem Partner oder Ihrer Partnerin beim Kerzenschein in einer Kneipe gegenübergesessen haben bei einem Glas Wein. Jeder nimmt sein Glas in die Hand, Sie nähern sich an, nehmen vielleicht noch einen Schluck, und das Ganze endet dann mit einem verliebten Kuß. Erwachsene kennen dieses Spiel also auch.

Mein Mund ist zu: Auch das können Sie mit Ihrem Kind allein spielen oder als Partnerspiel organisieren. Die Spielregel ist einfach. Bei einem Kind ist der Mund zugewachsen; das andere muß versuchen, ihn mit seiner Zunge wieder zu öffnen. Das ist gar nicht so leicht, aber es geht. Zu solchen Mund- und Kußspielen gibt es einige Lieder, die auch mit den Kindern in Spiele umgesetzt werden können, z.B. «Wenn sich die Igel küssen» von Johannes Kuhnen (Liederkiste 1984) oder «Das Lied vom wandernden Kuß» von Klaus W. Hoffmann (Liedersonne 1988).

Ich kann mich überall küssen: Der besondere Reiz liegt darin, daß die Kinder Ihnen in diesem Spiel wahrscheinlich überlegen sind.

Wann haben Sie zum letztenmal versucht, Ihren großen Zeh in den Mund zu nehmen? Kinder sind gelenkiger; ihr Rückgrat ist biegsamer, was gerade nicht bedeutet, daß wir als Erwachsene es ihnen verbiegen sollten oder müßten. In der Pubertät versucht so mancher Junge sogar, seinen eigenen Penis in den Mund zu nehmen. Den wenigsten gelingt diese Gelenkigkeitsübung allerdings.

Die Spielregel ist einfach: Die Kinder (und Sie!) sollen versuchen, mit ihrem Mund alle Körperteile zu erreichen und zu küssen. Bei den Händen ist das noch einfach, beim Knie geht es auch noch. Komplizierter wird es schon bei den Zehen oder beim Oberschenkel. Meistens erfolglos ist auch der Versuch, mit der Zunge die Nasenspitze zu erreichen, es sei denn, die Zunge ist sehr lang und die Nasenspitze läßt sich mit der Hand etwas herunterdrücken.

Meine Spucke, deine Spucke: Alles, was dazu benötigt wird, hat man im Haus: eine Flasche oder Kanne mit Trinkwasser und drei Gläser. Dieses Spiel können Sie sowohl mit Ihrem Kind allein als auch in der Gruppe spielen.

Stellen Sie die drei Gläser neben sich, eins davon mit Wasser gefüllt. Fordern Sie die Kinder auf, genau zu beobachten, was Sie machen. Trinken Sie einen Schluck Wasser aus dem Glas. Nehmen Sie einen zweiten Schluck und spülen Sie damit Ihren Mund aus und spucken Sie diesen in ein leeres Glas. Wiederholen Sie dieses dreimal, damit Sie genügend Spucke im Glas haben.

Dann nehmen Sie das dritte Glas, schütten Sie von der Spucke etwas hinein und gleichviel reines Trinkwasser aus dem ersten Glas. Schütteln Sie das Glas etwas und trinken Sie Ihren Mix genüßlich aus.

Reiben Sie dabei Ihren Bauch und sagen Sie: «Hmm, meine Spucke schmeckt gut.»

Beobachten Sie dabei genau die Reaktionen der Kinder. Fordern Sie die Kinder nun auf, dieses Experiment Ihnen nachzumachen und zu sagen, wie ihre Spucke ihnen schmeckt.

Je älter die Kinder sind, um so mehr ablehnende Reaktionen werden sie Ihnen zeigen. Nutzen Sie dann die Gelegenheit, mit ihnen über ihre Gefühle zu reden. Was erscheint ihnen angenehm, was unangenehm, und warum meinen sie, ist das so. Sprechen Sie über den Ekel und über die «Natürlichkeit» dessen, was wir aus unserem Körper ausscheiden. Fragen Sie nach Erinnerungen, wo sie als Babies ganz fröhlich mit ihren Ausscheidungen gespielt haben.

Apfelsinen schälen: Dieses Spiel soll den Kindern zeigen, daß ihr Mund auf Reize reagiert, ohne daß sie selbst essen. Benötigt wird für jedes Kind eine Apfelsine. Gehen Sie mit den Kindern einen «Zauber» oder eine «Wette» ein, daß sie die Apfelsine riechen, fühlen und schmecken können, ohne sie zu essen. Jedes Kind bekommt eine Apfelsine in die Hand. Bitten Sie die Kinder, sich bequem hinzusetzten, die Augen einfach zu schließen, und sagen Sie dann mit ruhiger Stimme: Rolle die Apfelsine in deiner Hand. Wie fühlt sie sich an? Rolle sie den Arm hinauf, über die Schulter, den Hals entlang, bis an deine Wange, kreise mit der Apfelsine in deinem Gesicht. Rieche die Apfelsine unter deiner Nase. Was passiert mit deinem Mund? Öffne jetzt die Augen und schäle die Apfelsine langsam. Höre das Geräusch dabei. Zerteile die Apfelsine jetzt in Stücke. Schiebe deinem Nachbarn nun ein Stück in den Mund.

Läuft Ihnen das Wasser im Mund zusammen? Nun essen auch Sie die Apfelsine. Sie können dieses Spiel auch mit einer Zitrone spielen. Dann gewinnen Sie die Wette, « die Zitrone zu schmecken, ohne sie zu essen».

Riechspiele

Haben Sie sich schon einmal gefragt, wie viele Gerüche Sie auseinanderhalten können? Wer in der Stadt lebt, wird die Autoabgase riechen,

die Gerüche vom Schlachthof und der Fabrik und dann möglichst seine Nase davor verschließen. Kinder riechen das alles auch, aber noch viel mehr. Lassen Sie sich einmal darauf ein, mit Ihrem Kind die Welt zu riechen, die Welt an ihren Gerüchen zu erkennen. Sie werden erstaunt sein, wie vielfältig der Spürhund «Schnüffelnase» die ausgelegten Fährten erkennt: Tannenzapfen, Blumen, Blätter, Kerzen, Feuer, Moos, Pfefferminze, Senf, Weißbrot, Zimt, Apfelsine, Gewürze und Essen, Holz, Farbe, Seife, Parfüm, Kosmetika, Gummi, Waschpulver, Benzin usw.

Mit verbundenen Augen lassen sich hervorragende Ratespiele entwickeln, die wenig Aufwand erfordern und für mehrere Kinder oder ein Kind und einen Erwachsenen geeignet sind.

Riech, was es ist: Benötigt werden Dinge, die verschieden riechen: Parfüm, Nelkenextrakt, Zimtpulver, Creme, Zitronensaft, Kaffeepulver und stark duftende Flüssigkeiten , Extrakte, Pulver und Öle, die gefahrlos auf die Haut aufgetragen werden können.

Jedes Kind trägt einen Duftstoff auf ein beliebiges Körperteil auf. Die Kinder können sich nun selbst riechen und bezeichnen. «Ich bin eine Zitrone», «Ich bin eine Creme». Die Kinder bestimmen nun, ob «die Zitrone», «die Nelke», «das Parfüm» oder ein anderer «Geruch» in die Mitte geht und sich die Augen verbinden läßt. Die anderen Gerüche tauschen derweil ihre Plätze. Und nun geht das Ratespiel los.

Abwandlung: Spielen Sie mit einer kleinen Anzahl von Kindern und haben entsprechend viele Gerüche zur Hand, so können sich die Kinder auch die einzelnen Körperteile mit den unterschiedlichen Duftstoffen einreiben. Dieses Spiel können Sie auch variiert mit Ihrem Kind alleine spielen.

Blumengarten: In Dritte-Welt-Läden, aber auch schon im Kaufhaus gibt es für ca 2,50 DM pro Stück kleine Parfümölfläschchen mit den unterschiedlichen Blumengerüchen zu kaufen. Die Kinder dürfen sich geheim eine Blume aussuchen und bekommen das entsprechende Parfümölfläschchen, mit dem sie sich den Bauch oder die Nasenspitze oder den Po betropfen. Nun können sie sich reihum beschnuppern und die entsprechende Blume erraten. Sind alle Blumen benannt, so wandeln Sie gemeinsam durch den Blumengarten, schnuppern und ziehen den Duft ganz tief ein. Wer kann wen jetzt nicht mehr riechen?

Abwandlung: Vielleicht einfacher zur Hand, da wohl in jedem Haushalt vorhanden oder einfacher zu beschaffen, sind Gewürze. Also können Sie mit den Kindern auch durch einen «Gewürzgarten» wandeln. Auch dieses Spiel können Sie mit nur einem Kind spielen. Aber Vorsicht dabei: Einige Gewürze (Pfeffer z. B.) reizen die Schleimhäute.

Ich kann dich nicht riechen: Hier kommt es darauf an, zwischen wohl- und übelriechenden Stoffen zu unterscheiden. Unangenehm für viele Kinder sind z. B. Senf, Bier, Essig, Maschinenöl. Aber auch hier ist Vorsicht geboten, weil Essig und Senf brennen können, Maschinenöl schwer abzuwaschen geht.

Reiben Sie den linken Arm bei jedem Kind mit einem wohlriechenden Stoff ein und den rechten Arm mit einem unangenehm duftenden. (Natürlich geht es auch umgekehrt.)

Die Kinder halten sich nun den rechten Arm entgegen und sagen: «Iiiih, dich kann ich nicht riechen!» und drücken mit Gesten ihre Ablehnung aus. Nach einer Zeit der gegenseitigen Ablehnung lassen Sie die Kinder ihre linken Arme beriechen und Sympathie äußern «Hmm, dich kann ich gut riechen.» Selbstverständlich kann man das auch mit nur einem Kind spielen. Dann muß der Arm eben nach den einzelnen Riechproben gewaschen werden.

Hör- und Sprachspiele

Das Gehör erlaubt uns nicht nur, Geräusche wahrzunehmen. Sprache und Gehör werden benötigt, um sich mit anderen Menschen auszutauschen.

Die Umwelt unserer Kinder ist sehr laut: der Autoverkehr, das tieffliegende Militärflugzeug, der Baulärm. Musik wird vorzugsweise laut gehört; Jugendliche ruinieren sich gelegentlich sogar auf Rockkonzerten oder in der Disko das Trommelfell. Ich erlebe es jeden Tag wieder, daß Kinder sehr laut sein können. Das ist auch ihr gutes Recht; insofern habe ich natürlich kein Verständnis für diese ewigen Verbotsschilder, die Kindern neben dem Spielen eben auch noch das «Lärmen» verbieten wollen.

Liebe, Sexualität ist laut und leise. Das wissen wir Erwachsenen gut genug. Frau oder Mann kann z.B. die Lust sehr laut herausschreien, was dann häufig hämische Anmerkungen von Nachbarn nach sich zieht. Liebeserklärungen können aber auch sehr leise gemacht werden. Nicht nur dann, wenn Sie ruhig und entspannt zusammensitzen, sondern z.B. auch beim Telefonieren. Da bist du weit fort von mir, und ich höre deine Stimme und denke, du bist mir nah. Und dann habe ich lange Zeit nichts von dir gehört. Als du dann aber wieder anriefst, sagte ich spontan: «Schön, deine Stimme wieder zu hören.» Ich höre dich gerne singen, sprechen. Und überhaupt höre ich dir gern zu. Es gibt so viele Liebeskomplimente, die ich über mein Gehör erfahre und mit meiner Stimme weitergebe.

Die folgenden Spiele zeigen den Kindern die vielen Möglichkeiten, sich auszudrücken bzw. zu hören.

Laut und leise, schnell und langsam: Dafür brauchen Sie kein Material, sondern nur sich und Ihr(e) Kind(er). Musik werden Sie zu Hause öfter über das Radio oder Cassettengerät hören, vielleicht singen Sie sogar dann und wann. Daß Ihr Kind auch falsche Töne ertragen kann, wird Ihnen schon aufgefallen sein. Es ist, besonders in dem Alter, in dem es noch nicht selbst singen und sprechen kann, fasziniert davon, daß mit der Stimme überhaupt Melodien gebildet werden können. Ergreifen Sie mit dem Kind öfter mal die Gelegenheit, gemeinsam Geräusche zu machen: in die Hände zu klatschen, mit den Füßen zu stampfen, zu singen. Ja, und dann bringen Sie Rhythmus in das Leben, laut und leise, schnell und langsam und dann immer mehr, immer mehr, so daß es schneller nicht geht und das Kind erschöpft abläßt.

Abwandlung: Sie können bei diesem Spiel auch Hilfsmittel benutzen, z. B. den Lautstärkeknopf am Radio, Plattenspieler, die leere Kaffeedose, die Deckel, die Holzlöffel und den «Silberlöffel», aber auch ein Tamburin, ein Triangel oder eine Flöte bieten sich an. Diese Spiele können Sie durchaus auch mit mehreren Kindern zusammen spielen.

Ins Ohr flüstern: Bei diesem bekannten Kreisspiel setzt sich eine größere Zahl von Kindern gespielt auf den Fußboden oder in einen Stuhlkreis nebeneinander. Ein Kind beginnt und flüstert dem Nachbarn etwas ins Ohr. Der flüstert das, was er verstanden hat, dem neben ihm sitzenden Kind ins Ohr. Wenn «das Telegramm» einmal im Kreis herum ist, wird bekanntgegeben, was dabei herausgekommen ist. Meistens hat das mit der Ursprungsbotschaft wenig zu tun. Außer daß es Spaß macht, merken die Kinder eben, daß es notwendig ist, gut und genau zuzuhören, wenn leise Töne erkannt werden sollen.

Igitt-Wörter: Das Spiel läßt sich leicht abwandeln. Es gibt «Igitt-Wörter», die die Kinder vor Erwachsenen nicht in den Mund nehmen. Solche «Igitt-Wörter» sollen in den Kreis geflüstert werden. Das erste und letzte Kind müssen dann Ursprungswort und Endergebnis laut aussprechen. Dabei kann man unbefangen über diese Wörter reden. (Vgl. dazu auch das Kapitel «Sexualität ist nicht unaussprechlich».)

Stimmen erraten, Kling-klang-Raten: Auch das ist ein Gruppenspiel. Einem Kind werden die Augen verbunden und es begibt sich in die eine Ecke des Raumes. Die anderen schleichen nun der Reihe nach um das Kind und geben Geräusche von sich, die es erraten muß. Wer sich verraten hat, ist der/die nächste. Dabei sollte darauf geachtet werden, daß die Kinder wirklich schleichen und zunächst nur ganz leise Geräusche von sich geben, sich z.B. vorstellen, sie seien eine Katze, die ganz vorsichtig mit den Pfoten über den Boden schleicht. Dann ist das Raten natürlich ganz besonders schwer, und das nächste Geräusch muß eben etwas lauter und deutlicher sein. Die Kinder können auch mit den verschiedensten Gegenständen (Holz, Geschirr, Gläser, Dosen usw.) Geräusche produzieren, die dann zu erraten sind.

Körperkontaktspiele

Touch me! Berühre mich! Nicht jedes Anfassen eines anderen Menschen hat mit Liebe und Sexualität zu tun. Leider. Menschen schlagen sich, wenn sie nicht sogar mit Kriegsgeräten aufeinander losgehen. Männer halten Frauen gegen ihren Willen fest. Und auch unter Kindern ist der direkte Körperkontakt oft durch Aggressivität geprägt. Streicheln und andere zärtliche Berührungen wollen zwar nicht gelernt sein, aber es ist sicher richtig, die Fähigkeiten der Kinder dazu spielerisch zu fördern. Entscheidend dabei ist natürlich auch, einschätzen zu können, wie das Streicheln, die zärtliche Berührung beim Partner ankommt. Viele Männer meinen heute noch, einer Frau nur die Brust, den Po oder die Geschlechtsorgane streicheln zu müssen, und schon würde die das als zärtlich, liebevoll, sinnlich oder anregend empfinden. Dabei empfindet die eine solche zärtlich gemeinten Spiele als sehr angenehm, die andere ist dadurch unangenehm berührt.

Ein ganz kleines Kind kann noch nicht streicheln. Es kann greifen. Und das ist bisweilen schmerzhaft, z.B. wenn der Säugling kräftig in die Brust grabscht oder die Eineinhalbjährige, «huckepack» auf der Schulter sitzend, vergnügt an den Haaren zieht. Das ist oft nicht böse gemeint, es sei denn, Sie hätten Anlaß gegeben zu einer Unmutsäußerung des Kindes. Das Kind wird das Streicheln und die zärtliche Berührung durch Ihr Beispiel lernen. Dabei haben es viele Generatio-

nen immer so gehalten, das Kind zur Belohnung zu streicheln und zur Strafe zu hauen. Machst du etwas gut, berühre ich dich zärtlich. Tust du etwas, was mir nicht gefällt, dann berühre ich dich schmerzhaft. Das ist sicherlich eine völlig verfehlte Erziehung, man vermittelt dem Kind nur, daß «Fehlverhalten» bestraft wird und «Übeltaten» mit körperlicher Gewalt zu beantworten sind. Streicheln Sie Ihr Kind also auch ohne Anlaß, einfach weil Sie es liebhaben. Streicheln Sie es, wenn es z.B. eine Tasse oder ein Glas heruntergeworfen und zerbrochen hat: Vielleicht hat es sich selbst erschrocken. Nehmen Sie es, wenn es größer ist, in den Arm, wenn Sie es kritisieren wollen.

Die Biene summt um mich herum, und der Floh sticht: Es handelt sich um ein Partnerspiel. Ein Kind ist die Biene oder der Floh. Nach einiger Zeit werden die Rollen gewechselt.

Die Biene kommt nun angesummt und tastet mit ihrem langen Rüssel (der Zeigefinger oder auch die Nase) auf ihrer Suche nach süßem Honig das Kind ab. Oh, das kitzelt so . . .

Wenn Sie kein grundsätzlicher Gegner von Leckereien für Kinder sind, können Sie dem Kind, das die Blume spielt, auch eine Süßigkeit geben, die es sich am Körper (unter den Achseln, in der Kniekehle usw.) versteckt und die dann von der Biene erschnuppert wird.

Ja, und wie macht der Floh? Er hüpft und zwickt dann sooo... Das ist etwas anderes als die kitzelnde Biene. Die Kinder sollen ruhig richtig zwacken, aber immer darauf achten, daß es eben nur zwackt und nicht weh tut. Das ist ganz schön schwer, die Kinder müssen sich auf ihr Gegenüber einstellen.

Abwandlung: Sie können sich natürlich viele weitere Tiere ausdenken. Die Katze schnurrt und schleckt, das Küken piept und pickt...

Ich mag mich leiden, magst du mich? Auch dieses Spiel wird paarweise gespielt. Aktive und passive Spieler sitzen sich gegenüber. Der passive Spieler schließt die Augen. Der aktive betastet das Gesicht mit den Händen und beschreibt es dabei. Dann versucht er, die Gesichtszüge des Gegenüber umzuformen und spielerisch zu verändern. (Mundwinkel, Augen, Haare.) Bei diesem Grimassenschneiden sagt das Kind: «Soo mag ich dich aber viel lieber leiden.» Der «Geformte» versucht, den Gesichtsausdruck beizubehalten, und es gibt mit Sicherheit großes Gelächter, wenn die Kinder sich im Spiegel betrachten.

Mäuschenertasten: Das Spiel ist eine Abwandlung des bekannten «Mäuschen-sag-mal-piep!» (das Sie als Hörspiel spielen können). Die Kinder sitzen im Kreis. Sie wählen ein Kind aus, das sich in die Mitte stellt und herumgedreht wird mit verbundenen Augen. Währenddessen wechseln die Kinder im Kreis die Plätze. Und nun soll das Kind die anderen Kinder nicht am «Piepsagen» erkennen, sondern ertasten. Gelingt ihm dies, ist das ertastete Kind dran. Zu solchen Such-Streichel-Spielen paßt das Lied «Hab mich lieb, vergiß mich nicht» von Johannes Kuhnen (Liederkarren 1981, Lied 8).

Flaschendrehen: Für dieses Spiel gibt es viele Varianten. Mein Vorschlag ist, sich mit den Kindern in den Kreis zu setzen mit der Flasche in der Mitte. Nun muß mit den Kindern abgemacht werden, daß jeweils ein Kind mit Drehen dran ist und sich etwas wünschen darf, z.B. «Flaschenhals, Flaschenhals, stehe still und zeige mir, von wem ich gestreichelt werden will» oder «einen Kuß haben will» oder «in den Arm genommen werden will».

Interessant und für die Kinder in gewissem Sinne «riskant» ist dabei, daß sie vorher nicht wissen, von wem sie am Ende einen Kuß bekommen oder gestreichelt werden. Es kann der beste Freund oder die beste Freundin sein aber auch ein anderes Kind, mit dem sich die Flaschendreherin nicht so gut versteht. Wenn Kinder sich bei einem unerwünschten Ergebnis vor der «Einlösung» des Wunsches drücken wollen, müssen Sie beurteilen können, ob es nur ein harmloses Geziere ist oder ob ernsthafte Hinderungsgründe vorliegen. Im zweiten Fall sollte nicht auf der Einlösung bestanden werden. Interessant wird es bei älteren Kindern natürlich auch, wenn z.B. ein Junge einen Jungen küssen soll.

Das Spiel funktioniert auch mit anderen «Zufallsinstrumenten». Bekannt ist Ihnen sicherlich die Möglichkeit, daß jedes Kind ein «Pfand» abgibt und dann durch ein Kind, das dieses «Pfand» nicht sehen kann, ein Vorschlag gemacht wird. Oder Sie machen, wenn die Kinder lesen können, vorher kleine Zettel, in denen Sie etwas vorgeben, z. B. der besten Freundin einen dicken Kuß zu geben o.ä.

Nasenkette: Benötigt wird nur die leere Hülse einer Streichholzschachtel. Teilnehmen müssen mindestens drei große oder kleine Leute. Zuerst stecken Sie sich die Hülse auf die Nasenspitze. Das Kind neben Ihnen muß nun versuchen, diese Hülse zu übernehmen, ohne

die Hände zu Hilfe zu nehmen. So wandert die Schachtel im Kreis herum, bis sie irgendwann herunterfällt.

Bei dieser Gelegenheit können Sie übrigens von den Eskimos erzählen, die sich bei der Begrüßung die Nasenspitzen aneinander reiben: «Wenn Eskimos sich begrüßen, sie mit den Nasen küssen.»

Luftballon-Tanzen: Die Kinder finden sich paarweise zusammen. Sie versuchen gemeinsam, den Luftballon mit der Stirn festzuhalten. Nach einer Musik versuchen sie dann, zu tanzen, ohne dabei den Luftballon zu verlieren. Die Hände dürfen dabei nicht mehr zu Hilfe genommen werden. Wer den Luftballon verliert, scheidet aus. Das letzte Paar darf dann bestimmen, mit welchem Körperteil denn nun der Luftballon gemeinschaftlich festgehalten werden soll, z.B. Daumen-Luftballon-Daumen, Po-Luftballon-Po, Bauch-Luftballon-Bauch.

Katzentanz: Frederik Vahles Lied vom «Katzentatzentanz» (Liedersonne 1988) verlangt geradezu zu nach einem Tanzspiel. Eine Kollegin aus dem Kinderhaus beschreibt ihre Erfahrungen damit so: «Bei dem Liedspiel ... nahmen die Jungen ohne Probleme Körperkontakte auf. Besonders wichtig war und ist bis heute die letzte Strophe, in der der Kater die Tatze der Katze leckt, die Katze streichelt und küßt. Dieses Spiel ist sehr beliebt, bei der letzten Strophe geben sie sich einen Zungenkuß, weil dies ein Kind einmal eingeführt hatte. Sie streicheln und küssen sich von Junge zu Junge, Junge zu Mädchen und Mädchen zu Mädchen» (Kinderhausnachrichten 1984, S. 13).

Pendel: Fragen Sie die Kinder, ob sie schon einmal das Pendel einer großen alten Standuhr gesehen haben, das sich hin und her bewegt. Schlagen Sie ihnen vor, ein solches Pendel nachzumachen. Dafür werden mindestens drei Mitspieler benötigt. Zwei stellen sich im Abstand von gut 30 cm mit dem Gesicht zueinander auf. Das dritte Kind ist das Pendel und stellt sich in die Mitte. Es muß sich dabei ganz steif machen, weil ein Pendel eben aus Metall und auch steif ist. Es läßt sich nun nach vorn fallen, wird vom ersten Kind an den Schultern aufgefangen und vorsichtig zurückgekippt zum anderen Kind. Mit etwas Übung ist es möglich, einen regelmäßigen Takt zu erreichen. Wenn mehr Kinder mitspielen, kann man einen größeren Kreis bilden, in dem sich das Pendel bewegt. Natürlich darf der Kreis auch wieder nicht so groß sein, daß das Pendel auf die Nase fällt.

Bäcker backt Brot: Vielleicht haben Sie mit Kindern schon einmal Kuchenteig geknetet. Versuchen Sie es einmal mit einem ganz anderen «Teig». Ein Kind ist Bäcker, ein Kind der Teig. Der Bäcker kann sich aussuchen, ob Kuchen, Brot oder Brötchen gebacken werden soll. Er kniet sich vor das andere Kind, den Teig, und beginnt zu kneten. Dabei darf der Teig ruhig fröhlich lachen, weil das Kneten kitzelt, aber er darf nicht so bearbeitet werden, daß er «aua» sagen muß. Zu dieser «Kneterei» kann auch gereimt werden:

«Streichelst (knetest) du meinen Po,
dann bin ich drüber froh (dann kitzelt mich das so);
aber in meinen Rücken,
da sollst du mich nicht zwicken.»

Ist der Teig gut durchgeknetet, wird er ein bißchen gerollt und durch den Raum (über den Rasen) in den Ofen geschoben. Dort geht der Teig dann auf, d.h., die Kinder versuchen, sich groß zu machen. Natürlich können Sie das auch mit Ihrem Kind allein spielen.

Seiltänzer: Sie legen ein Seil gerade auf den Boden. Die Kinder stellen sich nun vor, daß sie Seiltänzerinnen sind. Zwei Kinder stellen sich an jedem Ende des Seils auf und fangen an, darauf zu balancieren, ohne von dem Seil hinunterzu«fallen». Irgendwo in der Mitte begegnen sie sich, und nun wird es ganz spannend. Sie müssen aneinander vorbeibalancieren, sich gegenseitig festhalten, aneinanderschmiegen ohne zu stoßen und dabei das Gleichgewicht halten, um aneinander vorbeizukommen, immer mit dem Gedanken, daß sie sich in schwindelerregender Höhe befinden.

Wenn Sie kein Seil haben, ist das kein Grund zum Verzagen. Im Freien z.B. ziehen Sie einfach eine Linie im Sand, die sich genausogut zum «Seiltanzen» eignet.

Zu diesem Spiel gibt es Frederik Vahles Lied vom Elefanten auf dem Spinnennetz (Liederkorb 1986), das in verschiedenen Sprachen gesungen werden kann, sich also insbesondere auch für Gruppen von Kindern eignet, die unterschiedlichen Nationalitäten angehören.

Denkmal bauen: Ein Gruppenspiel, bei dem die Kinder im Raum oder im Freien durcheinanderlaufen. Ein Kind, das außen vor steht, sagt laut eine Zahl, z.B. 4. Dann müssen sich die Kinder ganz schnell zu

dieser Zahl zusammenfinden und ein Körperdenkmal bauen. z. B. aufeinanderliegen oder -sitzen.

Gruppenaufstand: Das Spiel nimmt seinen Namen wörtlich: Die Kinder setzen sich ganz dicht mit dem Rücken zueinander im Kreis und haken ihre Arme ein. Nun sollen sie versuchen, sich gemeinsam hinzuhocken und ganz aufzustehen, ohne dabei einander loszulassen. Dieses Spiel kann man auch paarweise spielen lassen. Dann ist es gerade für kleinere Kinder nicht so schwierig.

Knoten entwirren: Die Kinder fassen sich an den Händen und bilden eine lange Schlange. Das erste Kind ist der Kopf und zieht die Kette hinter sich her. Dabei steigt es mehrmals durch die eigene Kette hindurch oder über sie hinweg. Es entsteht ein wirres Knäuel von Körpern. Dieses Körperknäuel muß nun in umgedrehter Reihenfolge wieder entwirrt werden. Die Kinder müssen sich dabei gut festhalten, damit die Kette nicht reißt.

Die bisher vorgestellten Spiele sind für kleinere Kinder vielleicht etwas zu schwierig. Aber auch für dieses Alter gibt es Körperkontakt- und Tastspiele. Sie sollten dabei mit ihrem eigenen Körper anfangen. Schon bald weiß ein Kind, daß bestimmte Körperteile eigene Namen haben, und zeigt sie Ihnen, wenn Sie danach fragen, lange bevor es die Namen selbst ausspricht.

Körperteile benennen: «Wo ist deine Nase? Wo ist dein Mund? Wo ist der Bauchnabel? Wo ist die Möse, die Muschi, der Pimmel?» So können Sie mit Kleinstkindern im Kreis ein Spiel machen. Sie setzen sich dazu und sagen: «Ich fasse mich an die Nase» und warten, daß die Kinder es Ihnen nachmachen. Um es spannender zu gestalten, können Sie auch immer noch zählen: eins, zwei, drei, vier. Das läßt sich dann zum Kontaktspiel ausweiten, wenn Sie sagen (und vormachen): «Ich fasse ein anderes Kind ans Ohr» usw.

Kälberschwanz: Interessant für die Kinder sind auch die «Krabbel- oder Kitzelspiele». Vielleicht kennen Sie den Vers:

«Da hast du einen Taler, geh damit zum Markt,
Kauf dir eine Kuh, ein Kälbchen dazu,
faß es am Schwänzchen, didel, didel dänzchen...»

Bei diesem Vers können sich Kinder paarweise gegenübersetzen oder Sie sich dem Kind gegenüber. Beim ersten Vers tapsen Sie ihm leicht auf die Hand (etwas geben), beim letzten kitzeln Sie die Handflächen. Ähnlich: Kommt ein Mann die Treppe rauf...

Häschen in der Grube: Bei diesem alten Spiel sitzen die Kinder im Kreis, eines oder mehrere in der Mitte, und stellen sich schlafend. Am Ende des Liedes: «Häschen in der Grube» hüpfen sie dann auf die Aufforderung «Häschen, hüpf!» wieder durch die Gegend. Es ist aber auch so abwandelbar, daß das schlafende oder kranke Häschen erst einmal gestreichelt wird und durch die liebevolle Zuwendung wieder gesund wird. Wenn Ihnen die herkömmliche Melodie nicht gefällt, können sie ausweichen auf das Grips-Lied «Streicheln» von Volker Ludwig und Birger Hellmann (Liederkarren 1981).

Eine letzte Möglichkeit, ohne feste Spielregeln und trotzdem spielerisch mit dem Tastsinn umzugehen, Körperkontakt aufzunehmen, zu streicheln und gestreichelt zu werden, ist die Massage: «Berührt, gestreichelt und massiert werden,/ das ist Nahrung für das Kind./ Nahrung, die genauso wichtig ist/ wie Mineralien, Vitamine und Proteine./ Nahrung, die Liebe ist . . .» (Leboyer 1979, S.17)

Ein nacktes Baby mit sanften Händen zu massieren und damit dessen Bedürfnis nach Berührung, Wärme und Zärtlichkeit zu stillen, ist eine Möglichkeit. Sie sollten jedoch nicht nur ihr Baby am ganzen Körper massieren, auch die älteren Kinder haben noch dieses Bedürfnis und, wenn Sie mal ganz abgespannt sind, empfinden Sie es selbst auch als eine Wohltat, wenn jemand da ist, der Ihnen den Rücken massiert.

Eigentlich benötigen Sie nur ein bißchen Öl, dann massieren Sie mit sanften Händen Ihr Kind am ganzen Körper. Es wird Ihnen dabei schon sagen oder durch Reaktionen zu verstehen geben, was es mag und was nicht. Selbstverständlich können Sie mit ihrem Kind auch Massagesalon spielen und sich von ihm massieren lassen. Ausführlich und mit vielen «hautnahen» Fotos wird das in Irene Dalichows Buch «Sanfte Massagen für Babys, Kinder und Eltern. Liebe, die durch die Haut geht» beschrieben.

Raufspiele

Nicht jeder Körperkontakt, bei dem es etwas heftiger zugeht, muß gleich eine Schlägerei werden. Vielleicht raufen Sie auch einmal ganz gern freundschaftlich mit Ihrem Partner, einer Freundin oder einem Freund. Manchmal besteht das Bedürfnis, die oder den anderen auch einmal kräftig anzufassen. Regel ist dabei doch immer nur, dem anderen nicht weh zu tun. Für unsere Kinder ist es auch nicht unwichtig, den Unterschied zwischen dem freundschaftlichen Raufen und der ernsthaften und unnötigen Schulhofschlägerei zu erfassen. Ein anderes Mal kann es sinnvoll sein, aggressive, zornige Stimmungen und Gefühle im Spiel auszuleben.

Gefängnisausbruch: Eine Gruppe von Kindern (mindestens fünf) bildet einen Kreis und faßt sich fest an den Händen. In der Mitte ist der «Gefangene», der natürlich gern wieder in Freiheit gelangen möchte und nun versucht, unter Einsatz seines Körpers durch die «Mauer» zu kommen, was die anderen Kinder zu verhindern suchen.

Katze und Maus: Die Ausgangssituation ist wie im Gefängnis; es müssen sich jedoch zwei Kinder als Katze und Maus bestimmen lassen. Die Maus ist im Kreis, die Katze steht draußen und möchte sie fressen. Die Sympathien des Kreises sind auf seiten der Schwächeren. Dann beginnt es mit dem Sprechgesang:

Katze: Ist die Maus zu Haus?
Kreis: Nein
Katze: Wann kommt sie denn?
Kreis: um sechs (oder eine andere Zahl)

Dann schaukeln die Kinder sechsmal (bzw. bei einer anderen Zahl, die sie genannt haben, entsprechend mehr oder weniger) mit den Armen auf und ab. Bei sechs angekommen, darf die Katze versuchen, in den Kreis hineinzukommen. Gelingt es ihr, müssen die Kreiskinder schnell die Maus hinauslassen. Das kann so weitergehen, bis die Maus gefangen ist oder die Katze erschöpft.

Huckepack laufen: Ein Spiel zu zweit oder auch paarweise als Mannschaft. Ein Kind nimmt das andere auf den Rücken und läuft damit los. Zum Raufspiel wird es durch die Erweiterung zum

Reiterwettkampf: Wenn die Kinder mögen, können immer zwei Paare gegeneinander antreten und versuchen, den «gegnerischen» Reiter vom Pferd zu befördern. Viel Spaß macht dieses Spiel auch im Schwimmbad oder dann, wenn die kleinen Reiter auf einem Erwachsenen sitzen.

Wichtig ist bei diesen Spielen und auch z.B. bei Raufwettkämpfen, daß klare Regeln getroffen werden, was erlaubt ist und was nicht. Lassen Sie ruhig mal die Kinder Vorschläge dazu machen. Ändern Sie die Regel, wenn sich im Laufe des Spieles ein «Unfall» ergibt.

Streichelspiele

Die folgenden Spiele sprechen den Tastsinn besonders an. Zu diesem Sinn selbst braucht nicht viel gesagt zu werden. Sie haben sicher schon einmal die Erfahrung gemacht, im Dunkeln etwas ertasten zu wollen, was ganz schön schwierig sein kann. Dann wieder werden Sie wohl auch schon einmal Ihre(n) Partner(in) nur mit den Fingern «entdeckt» haben, bewußt bei geschlossenen Augen oder aber noch im Halbschlaf auf der Suche nach warmer Haut. Blinde Menschen schließlich erschließen sich die Welt weitgehend über diesen Sinn, «lesen» mit den Fingerkuppen.

Ich fühle warm und kalt: Dieses Spiel hat einen erheblichen praktischen Nutzen. Kinder sollten lernen, zwischen warm und kalt zu unterscheiden und sich beiden mit etwas Vorsicht zu nähern. Es gibt zwar Kinder, die sich mindestens einmal kräftig die Finger verbrennen, um festzustellen, daß bestimmte Sachen heiß sein können, aber als Erziehungsprinzip ist es nun wirklich nicht nötig.

Benötigt werden Gegenstände, die kalt oder warm sind, z.B. kalter, nasser und warmer Waschlappen, warmer und kalter Teller, der Heizkörper in der Wohnung und (im Winter) der von draußen hereingeholte Schnee. Nun kann ein Ratespiel beginnen. Kleine Kinder dürfen die Gegenstände sehen, größeren werden die Augen verbunden.

Fingerspitzen-Tanzen: Ein Paarspiel, das Sie auch allein mit Ihrem Kind spielen. Die Paare berühren sich nur mit den Fingerspitzen (allen

zehn) und tanzen, ohne sich dabei zu verlieren. Wer den anderen führt, wird den Kindern selbst überlassen. Das Paar, das abrutscht, sich trennt oder verliert, scheidet aus.

Erweiterung: Sie können dieses Tanzspiel auf alle möglichen Körperteile ausdehnen. Mit den Handflächen tanzen, mit den Ellenbogen, mit dem Knie, mit dem Po usw.

Womit streichele ich dich: Hier geht es weniger um den Tastsinn, sondern um das passive Erfassen von Berührungen. Sie benötigen vor allem weiche Materialien, z. B. Wolle, Watte, Seide, Feder, Stoff, Ziegenhaarbürste, vielleicht auch einen Schal. Jeweils zwei Kinder spielen miteinander (oder Sie mit Ihrem Kind). Es wird zunächst bestimmt, welches Körperteil gestreichelt werden soll, z.B. der Rücken. Das eine Kind setzt sich mit freiem Rücken zum anderen. Dieses fängt dann an, den Rücken z.B. mit einer Feder zu streicheln. Dieses Material muß erraten werden. Eventuell verbinden Sie dem Kind die Augen. Nach einiger Zeit werden die Rollen getauscht.

Armer schwarzer Kater: Ein Gruppenspiel. Ein Kind wird als «Armer schwarzer Kater» bestimmt und setzt sich (bei größeren Kindern mit verbundenen Augen) in die Mitte des Kreises. Die anderen Kinder stehen oder sitzen im Kreis herum. Der «Arme schwarze Kater» schleicht nun zu einem Kind aus dem Kreis, legt die Pfote auf den Schoß und versucht durch Schnurren, Miauen und Streicheln mit der Pfote das Kind zum Lachen zu bringen. Dieses Kind streichelt nun den «Kater» ganz ernsthaft und sagt, ohne zu lachen: «Armer schwarzer Kater.»

Wenn dem Kater die Augen verbunden sind, muß er zusätzlich den Namen des Kindes raten. Lacht das Kind oder wird der Name erraten, ist es der nächste «Arme schwarze Kater».

Vier Hände auf dem Ton: Dafür brauchen Sie einen Klumpen Ton, für jedes Kind einen Schal.

Allen werden die Augen verbunden. Sie führen dann immer zwei Kinder zu ihrem Platz mit einem Klumpen Ton. Es darf nicht gesprochen werden, so daß die Kinder sich nicht durch die Stimme verständigen oder erkennen können. Die Kinder dürfen sich aber berühren. Die Paare werden nun aufgefordert, gemeinsam, aber ohne zu reden, aus dem Klumpen Ton etwas zu formen. Nach zehn Minuten (Sie

müssen sehen, wie weit die Kinder sind) können sie die Tücher von den Augen nehmen. Dann gibt es meistens viel Gelächter, wenn mit viel Phantasie beschrieben wird, was das Gebilde denn darstellen soll.

Stille Post: Dieses Kreisspiel, in dem durch Händedrücken an einer Stelle eine Post abgeschickt und weitergegeben wird, während ein Kind versucht, zu entdecken, wo die Post sich gerade befindet, kennen Sie sicherlich. Ich will hier eine Abwandlung vorschlagen.

Die Kinder setzen sich in eine lange Schlange so dicht hintereinander, daß sie den Rücken des nächsten berühren können. Das am Ende sitzende Kind «schreibt» mit dem Finger eine Botschaft, z. B. Zahl, Wort, Buchstabe, Symbol, dem vor ihm Sitzenden auf den Rücken. Dieses Kind «schreibt» die Botschaft, so wie sie sie verstanden hat, weiter. Ist die Botschaft beim Absender angekommen, wird sie laut gesagt. Meistens gibt es viel Gelächter, weil ein Kuddelmuddel herausgekommen ist.

Dieses Spiel können Sie auch allein oder paarweise mit den Kindern spielen. Ein freier Rücken kann dabei entzücken. Außerdem braucht die «Botschaft» nicht unbedingt auf den Rücken geschrieben zu werden; auch mit anderen Körperteilen kann kind lesen (z.B. den Fußsohlen, wenn es denn nicht allzu arg kitzelt).

Spiele für das Körperbewußtsein

Bisher habe ich vornehmlich Spiele vorgestellt, in denen die Kinder (bzw. Sie mit Ihrem Kind) Körperkontakt haben. Dadurch entwickeln sie Empfinden für die eigenen Sinne und die Reaktion des Gegenüber. Genauso wichtig jedoch sind Spiele, die sich auf den eigenen Körper beziehen.

Ist noch alles da?: Vielleicht kennen Sie das «autogene Training». Es handelt sich um Körperübungen, mit denen man sich entspannen kann. Sie legen sich ruhig hin und lassen zunächst Arme und Beine schwer werden, dann warm. Nach einer Ruhepause stellt man sich ein ruhig und kräftig schlagendes Herz vor, nach einer weiteren Ruhepau-

se fühlt man, wie die Atmung ganz ruhig, wie von selbst abläuft. Danach fühlen Sie ein warmes Gefühl im Bauch, und schließlich empfinden Sie Ihre Stirn als angenehm kühl. Dieses Training kann auch mit Kindern gemacht werden. Eine gute Einführung finden Sie bei Friedrich/Friebel: «Entspannung für Kinder. Übungen zur Konzentration und gegen Ängste». Das «Ist-noch-alles-da»-Spiel ist in gewissem Sinne eine Umkehrung dieses Trainings. Die Kinder liegen in bequemer Kleidung auf dem Fußboden. Versuchen Sie, z.B. durch das Erzählen einer Geschichte, eine ruhige Situation herzustellen. Die Kinder sollen sich vorstellen, daß ihr Körper schläft und nur ihr Kopf wach ist. Nun wollen Sie sehen, ob die einzelnen Körperteile noch da sind. Kind versucht sie zu fühlen, zu erspüren. Sie machen dabei die Vorgabe, indem Sie deutlich mit ruhiger Stimme sagen, was die Kinder fühlen sollen.

«Ich fühle meinen großen Zeh. Ich fühle meinen Fuß. Ich fühle meine Wade ...» Sparen Sie selbstverständlich nicht die Geschlechtsteile aus.

Die Kinder können sich zuerst auf den Bauch legen und erspüren dann eben alles, was aufliegt. Danach wird die ganze Auflagenfläche des Rückens und Pos erfühlt.

Sie können dieses Spiel erweitern oder beim nächstenmal anders spielen, indem Sie jetzt nicht mehr sagen: «Ich fühle...», sondern « Ich sehe.... », « Ich berühre... », « Ich streichle.... » « Ich kneife.... »

Ich mag mein Gesicht: Das spielen Sie am besten in einem warmen, ruhigen Zimmer. Gut sind auch weicher Boden zum Sitzen oder bequeme Sitzmöglichkeiten und für jedes Kind ein aufstellbarer oder hängender Spiegel.

Suchen Sie mit den Kindern eine bequeme Sitzmöglichkeit, wobei jedes allein sitzt, ohne das andere zu berühren. Bitten Sie die Kinder, soweit sie wollen, die Augen zu schließen und sich ganz entspannt hinzusetzen. Bitten Sie sie dann, mit den Zeigefingern beider Hände Ihre Vorgaben zu befolgen. «Ich will mein Gesicht erfühlen.» Sagen Sie laut und ruhig und mit entsprechenden Pausen: «Jetzt wandere ich mit meinen Fingern über meine Stirn », «Jetzt sehe ich in Gedanken meine Augenbrauen und taste sie» usw.

Wenn die Kinder das Gesicht erfaßt haben, lassen Sie sie die Augen öffnen und sich im Spiegel betrachten. Wiederholen Sie nun die

Übung, nur daß die Kinder nun ihr Gesicht im Spiegel befühlen. «Ja, mein Gesicht ist schön.»

Zu den Spielen, die zum Bewußtsein über den eigenen Körper beitragen können, gehören schließlich auch noch die «Abdruck-Spiele», die sich natürlich besonders gut im Sommer in der Sandkiste oder am Strand spielen lassen.

Ein wunderschöner Engel: Die Kinder müssen bei diesem Spiel die Möglichkeit haben, sich nackt auszuziehen. Eventuell benötigen sie eine Harke, um den Sand zu glätten.

Mit den Händen am Körper legt sich das Kind, ohne unnötige Abdrücke zu hinterlassen, in ein glattes Stück Sand. Langsam breitet es die ausgestreckten Arme aus, immer ein Stück weiter, bis sie über dem Kopf angekommen sind. So ist ein Fächer entstanden und in der ganzen Figur gar ein Engel. Ein bißchen Geschick und vielleicht Ihre Hilfe sind erforderlich, um aus dem Sand aufzustehen, ohne den Engel zu zerstören.

Im Winter, im frischen Schnee, gibt es ebenfalls diese schönen Abdrücke. Am besten zieht Ihr Kind einen Schneeanzug an.

Meine Hand, mein Fuß, mein Po ist schön: Die Kinder können im Sand (im Schnee) verschiedene Abdrücke und damit Muster von ihren Körperteilen machen, z.B.
– mit den Füßen eine lange Schlange tippeln. Die Kinder versuchen dann, in die Fußstapfen des Vorgängers zu treten.
– die Kinder stellen sich in einem Kreis auf, der Sand hinter ihnen ist glatt geharkt. Dann lassen sie sich alle auf ein Startzeichen in den Sand fallen und machen einen Poabdruck.

Dann schauen sich die Kinder die unterschiedlichsten Abdrücke an. Wer hat nun den schönsten Po? Oder sind alle irgendwie gleich schön, eben nur anders?

Fußspiele

Die Füße sind zum Laufen da. Ja. Aber ich kann auch noch viel mehr mit meinen Füßen machen. In unserem Bekanntenkreis haben wir eine contergangeschädigte junge Frau mit verkrüppelten Armen. Meine Kinder waren sehr überrascht, als sie das erste Mal sahen, daß diese Frau alle Arbeiten, die wir mit den Händen verrichten, mit ihren Füßen macht. Schreiben, anziehen, streicheln und Zigaretten drehen.

Sie versuchten, alles nachzuahmen. Den großen Zeh konnten sie gerade noch in den Mund stecken, alles andere gelang ihnen nicht.

Füße sind sehr sensibel und vielseitig. Welches Kind wird nicht gern an den Füßen gestreichelt oder gar gekitzelt.

Fußsprache: Füße können sprechen. Immer paarweise legen sich die Kinder bequem auf den Rücken und fassen sich mit den nackten Füßen an. Fuß an Fuß. (Die Knie müssen dabei angewinkelt sein, damit ein Spielraum vorhanden ist.) Fordern Sie die Kinder auf, daß sie sich nun mit den Füßen etwas erzählen sollen (mit dem Zeh kreisen usw.).

Fahrrad fahren: Paarweise legen sich die Kinder bequem auf den Boden. Mit angewinkelten Knien fassen sie sich mit den Füßen gegenseitig an. Und nun geht es los. Erst langsam, dann immer schneller. Fahrrad fahren, Fahrrad fahren. So schnell, bis die Kinder mit den Füßen voneinander abrutschen.

Tausendfüßler: Ein Gruppenspiel, bei dem Sie zu viert oder fünft sein sollten. Um einen Tausendfüßler zu spielen, müssen sich die Kinder hintereinander befinden und die Fußgelenke des jeweiligen Vorderspielers umfassen. Langsam erst links, dann rechts schleicht der Tausendfüßler los. Tausendfüßler laufen nun nicht nur vorwärts, sondern auch rückwärts, und das ist ungleich schwieriger. Dieses Spiel können Sie mit beliebig vielen Kindern spielen. Sowohl draußen im Freien als auch im Raum macht es großen Spaß.

Pospiele

Auch wenn ich jetzt mit meinen Spielevorschlägen schon bei den Füßen gelandet bin, soll natürlich die «Mitte» des menschlichen Körpers nicht ausgespart werden.

Sigmund Freud, den ich schon in Hinblick auf den Mund zitiert habe, vermutete als zweiten Abschnitt kindlicher Sexualentwicklung eine «anale Phase», d.h. eine Zeitspanne, in der das Kind sich Lustgefühle verschafft durch die Beschäftigung mit seinem Ausscheidungsorgan bzw. dem, was dort herauskommt.

Nun will ich hier keine Spiele vorschlagen, bei denen die Kinder sich gegenseitig am Po befingern. Zu solchen «Spielen» komme ich noch in einem späteren Abschnitt. Der auf unseren Klassenreisen beliebte Wettbewerb, wer nachts im Bett den lautesten und längsten Furz lassen konnte, läßt sich auch schlecht organisiert spielen. Aber der Po (als Ganzes, d.h. das, was etwas zurückhaltender als «Gesäß» bezeichnet wird) ist ein Körperteil, mit dem Kinder auch Spiele machen können, z.B.

Po-Sitzen: Ein Spiel für mehrere Kinder, die alle hintereinander in einer Reihe stehen und ihre Hände um die Hüfte des jeweils vor ihnen stehenden Kindes legen. Das letzte Kind legt sich nun auf den Rücken und zieht die Knie an. Auf seine Knie setzt sich nun sein Vorderspieler. Auf dessen Schoß setzt sich nun das nächste Kind und immer so weiter, bis alle einen Platz gefunden haben.

Dieses Schoßsitzen können Sie auch mit den Kindern im Kreis spielen. Dabei müssen Sie jedoch das Zeichen zum Hinsetzen geben.

Hoppel-Schlange: Die Kinder setzen sich mit gespreizten Beinen eng hintereinander und umfassen die Hüften des vorderen Kindes. Sie sollen sich nun gemeinsam, ohne loszulassen, auf ein bestimmtes Ziel hin fortbewegen. Rutschen, Hoppeln, Pohüpfen, alles ist erlaubt, die Schlange muß nur sitzen bleiben und darf nicht kaputtgehen.

Die Schlange kann sich auch rückwärts fortbewegen. Sie können das Spiel auch mit zwei Gruppen als Wettkampfspiel spielen.

Po-an-Po: Jeweils zwei Kinder werden aufgefordert (angezogen oder nackt), sich mit dem Po zu berühren und entweder seitwärts oder vorwärts (bzw. für einen der Mitspieler rückwärts) eine bestimmte

Strecke zurückzulegen, ohne sich zu verlieren. Schwieriger wird dies Spiel, wenn sie dabei noch einen Ball, Luftballon oder ähnliches zwischen ihren Rücken befördern sollen.

Ballspiele im Sitzen: Generell können Sie sehr viele Ballspiele auch im Sitzen spielen lassen, d.h., statt sich auf den Füßen vorwärtszubewegen, rutschen die Kinder auf dem Po durch die Gegend.

Das matscht so schön

Einer der für die Entwicklung des kleinen Kindes wohl schädlichsten Eingriffe in die «anale Phase» ist die verfrühte oder falsche Sauberkeitserziehung. Als der *Stern* 1969 die Bundesbürger aufklären wollte über «Deutschlands unartigste Kinder», nämlich die aus den damaligen antiautoritären Kinderläden, bildete er auf dem Titel eine miniberockte junge Frau ab, an deren Beinen drei Kinder hingen. Daneben saß noch ein Kleinkind mit drei «Töpfchen», einen davon auf dem Kopf. Aufreißerisch beginnt der dazugehörige Artikel: «Jim Kruse (der Erzieher) liest im ... Nachrichtenblatt der Außerparlamentarischen Opposition. Währenddessen stülpen sich die Kinder um ihn herum gegenseitig ihre Nachttöpfe wie Helme über den Kopf. Ein Junge schmiert einem Mädchen Bananenbrei in die Haare... die Wand wird gerade verschönert von Kindern, die ihre bloßen Hände in einen Farbtopf tauchen und damit die Tapetenreste bepatschen.» (Berliner Kinderläden 1970, S. 154) Der Leser sollte die Hände über dem Kopf zusammenschlagen und «igittigitt!» seufzen.

Dazu fällt mir immer noch eine Geschichte ein, die zur Belustigung bei gelegentlichen Familientreffen über Jahre hinweg erzählt wurde: Anna macht Mittagsschlaf, die besorgte Mutter schaut nach einiger Zeit ins Zimmer und findet Klein Anna nicht etwa schlafend im Bett liegend, sondern sie sitzt in ihrem Bettchen, hat sich halb ausgezogen, zum Großteil von der Windel befreit und spielt mit ihrer Kacke. Alles war verschmiert, sogar die Wand. Wenn diese Geschichte in den späteren Jahren immer wieder von der Mutter zur «Auflockerung» im Familienkreis erzählt wird, sitzt Anna dabei und freut sich; denn an dieser Stelle gibt es die ersten herzhaften Lacher, vor allem von den

männlichen Familienmitgliedern und ein Igitt-Gerufe von den Frauen, die Kinder juchzen. Und die Mutter erzählt weiter: «Und dann habe ich das Kind, die Klein Anna, ja dich, genommen und erst einmal unter die kalte Dusche gesteckt und dich ganz kalt von oben bis unten abgeduscht.» Auch an dieser Stelle lachen immer alle.

Groß Anna war zukünftig immer darauf bedacht, sich ja nicht schmutzig zu machen. Später wurde sie ein hübsches junges Mädchen, erlernte einen Beruf als Bankkauffrau, war immer nett und ordentlich angezogen und hat dann den gutaussehenden, adretten Kollegen aus der anderen Abteilung geheiratet. Auch heute noch ist sie nach der neuesten Mode gekleidet. Richtig froh ist sie manchmal aber doch, nach Feierabend sich ein bißchen gehenzulassen. Dann ist es auch gestattet, daß ihr Mann die Krawatte lockert und den obersten Hemdenknopf öffnet. Sie weiß nicht, daß Menschen wie sie von gehässigen Psychologen als «anale Zwangscharaktere» bezeichnet werden, Menschen, denen mit der «kalten Dusche» (hier im wahrsten Sinne des Wortes) die Lust abgewöhnt und eine übertriebene Rein-

lichkeit angewöhnt wurde. Sie würde das auch für Unsinn halten. Und
daß Mutti beim nächsten Familientreffen die Geschichte noch einmal
erzählt und vielleicht hervorhebt, daß aus der kackeschmierenden
Anna eine ordentliche Kauffrau geworden ist, das stört Anna nicht.

Sie werden sicherlich selbst erlebt haben, daß Ihr Kind eines Tages
seine Kacke oder wie immer Sie es nennen aus der Windel geholt,
aufmerksam betrachtet und irgendwo hingeschmiert hat. Das ist ein
ganz selbstverständlicher Vorgang, auch wenn er bei Erwachsenen
unter Umständen Ekelgefühle hervorruft. Die Ausscheidungen sind
nun einmal Produkte, die das Kind, das sonst noch nicht viel «kann»
und auf uns angewiesen ist, selbst zustande gebracht hat. Da ist es klar,
daß es sich lebhaft dafür interessiert. Dieses Interesse wird nachlassen,
das Kind wird durch das Vorbild der Erwachsenen von selbst lernen,
aufs Klo zu gehen, und sich später sogar erklären lassen, daß es aus
hygienischen Gründen sinnvoll ist, sich danach die Hände zu waschen.

Die Kacke ist nicht das einzige «Igittigitt», das kleine Kinder interessiert. Das werden Sie vielleicht beim Essen bemerkt haben. Auch
dort wird gern gematscht und gemanscht: Die saure Gurke landet in
der Milch, dann noch der Käse, ein Schlag Marmelade drauf, und dann
wird das Ganze auf dem Tisch verteilt. Während es inzwischen viele
Eltern schon lockerer nehmen, daß Kinder sich für ihre Ausscheidungen interessieren, ist die Toleranz beim Essen oft schnell erschöpft.
Das sind doch Lebensmittel, und damit wird nicht gematscht.

Sie wissen genau, zumindest können Sie es sich ins Gedächtnis
zurückrufen, wie sich Milch anfaßt, auch wenn Sie sie inzwischen ohne
Berührung aus dem Glas trinken. Ihnen ist schon Milch ausgekippt
oder über den Tisch gelaufen, Sie wissen eben, wie sie sich anfühlt,
aber Ihr Kind weiß es noch nicht. Es möchte wissen, was passiert, wenn
die Milch umkippt und über den Tisch läuft. Kann ich die Milch
vermalen, verschmieren auf den Tisch?

Sie werden vielleicht sagen, daß es in der Dritten Welt Millionen
Kinder gibt, die nichts zu essen haben. Da können Sie es nicht mit
ansehen, wenn Ihr Kind einfach mit dem Essen herumschmiert und Sie
es womöglich wegwerfen müssen.

Dieses Argument sollten Sie ruhig verwenden, sobald Ihr Kind
diesen Zusammenhang oder Widerspruch zwischen dem Reichtum
der Ersten Welt und der Armut der Dritten Welt versteht. Zu dieser
Thematik empfehlenswert ist z.B. auch das Bilderbuch «Das Blumen-
flugzeug».

Aber nun kommt die Frage an Sie. Setzen Sie dieses Bewußtsein über Elend und Not in der Dritten Welt nur in dem Gespräch mit Ihrem Kind um? Kaufen Sie Outspan-Apfelsinen aus Südafrika, obwohl die Organisationen der dort ihrer selbstverständlichen Menschenrechte beraubten Schwarzen zum Boykott südafrikanischer Waren aufgerufen haben? Haben Sie statt des Tchibo-Kaffees schon mal Kaffee aus Nicaragua gekauft? Bei welcher Bank sind Sie Kunde? Es gibt Banken, die ihr Geld vor allem zu Lasten der Völker der Dritten Welt verdienen. Spenden Sie regelmäßig Geld für ein Solidaritätsprojekt? Beteiligen Sie sich an der Öffentlichkeitsarbeit der Dritte-Welt-Gruppe an Ihrem Wohnort? Haben Sie Kontakt zu so einer Gruppe und beschäftigen sich regelmäßig mit dieser Problematik? Beteiligen Sie sich gar an der nächsten Demonstration für die Menschen in der Dritten Welt? Wer seinem Kind mit der Moral kommt, daß es Menschen anderswo weit schlechter geht, der muß natürlich selbst auch ein paar moralische Maßstäbe einhalten.

Ich will hier nicht das unendliche und bedingungslos Essenmatschen unserer Kinder verteidigen. Nur, wir sollten schon so viel Toleranz aufbringen und es unsere Kinder mal ausprobieren lassen. Auf jeden Fall, und damit komme ich nach einer etwas längeren Vorrede auf das Thema Spielen zurück, ist es sehr wichtig, mit Kindern, mit Ihrem Kind zu matschen.

Wir haben früher oft und gern mit «Baggermatsch» oder «Maggeratsch» gespielt. Im Prinzip geht das heute natürlich auch noch. Wenn Sie mit Ihrem Kind draußen sind, brauchen Sie es eigentlich nur mit der entsprechenden wasserdichten oder warmen Kleidung zu versehen, und Sie können es ruhig drauflos matschen lassen. Ein Eimerchen oder eine Gießkanne sollten Sie beim Besuch des Spielplatzes immer mitnehmen. Selbst uns Erwachsenen macht es ja Spaß, am Strand mit Sand und Wasser zu spielen, Burgen zu bauen und uns oder die Freunde mit Matsch zu bewerfen, um dann ein erfrischendes Bad zu nehmen.

Im Prinzip geht das. Aber: Letztlich werden Sie hier von einer kinderfeindlichen Wirklichkeit auch wieder eingeholt. Was ist, wenn Ihr Kind backe, backe Kuchen spielt und es diesen Kuchen dann auch probieren will? Dazu schreibt die Zeitschrift «Ökotest», die in der gesamten Bundesrepublik Sandkästen untersucht hat und die ich zitiere, obwohl ich Katzen sehr gern mag: «In 91 der insgesamt 100 von uns untersuchten Sandkästen ist nicht nur Sand, sondern auch Kot mit

dabei, wenn Kleinkinder ‹backe, backe Kuchen› spielen. Das beweisen die E-Coli- und Clostridien-Befunde. Diese Bakterien befinden sich sonst nur im Stuhl von Warmblütern und gelten als sichere Anzeiger fäkaler Verunreinigungen; und wo die Kacke am Dampfen ist, sind außer E-Colis und Clostridien auch immer krankmachende Bakterien mit dabei. Urheber des Drecks sind vor allem die Vierbeiner. Gegen das Ausführen von Hunden auf Spielplätzen wären zwar Maßnahmen denkbar. Das Hauptproblem machen die frei herumlaufenden Katzen» (*Ökotest* 1988, S. 170 f.).

Nach der Atomkatastrophe in Tschernobyl 1986 tat sich noch ein weiteres Problem auf; die Sandkisten waren mehr oder weniger radioaktiv verseucht: «Wenn die Strahlenschutzverordnung auch Spielplätze schützen würde, hätte selbst noch im Sommer 87 jeder dritte Sandspielkasten in der Bundesrepublik gesperrt werden müssen . . .» (ebd.).

Die jeweils neuesten Meßergebnisse können Sie beim «Elternverein Restrisiko e.V.», Kastellstr. 11, 6200 Wiesbaden, oder beim Bundesverband für unbelastete Nahrung e.V., Gerhardstr. 21, 2300 Kiel, erfragen. Angesichts der Sorglosigkeit, mit der die Verantwortlichen 1986/87 die Kinder weiter in verseuchten Kisten haben buddeln lassen, sollte man als Elternteil bei «Entwarnungen», jetzt sei die letzte radioaktive Strahlung aus dem Sand verschwunden, eher skeptisch sein.

Neben politischem Druck, den viele Elterninitiativen nach dem Reaktorunfall von Tschernobyl ausgeübt haben, können Sie auch feststellen, wer für den Spielplatz, die Sandkiste, in die Sie mit Ihrem Kind zum Spielen gehen, zuständig ist: der Hausbesitzer, das Gartenbauamt, das Jugendamt, und da vorsprechen, daß mindestens einmal im Jahr der Sand ausgewechselt wird. Schließen Sie sich mit mehreren betroffenen Eltern zusammen, dann hat das Ganze sicherlich noch mehr Erfolg.

Der Matsch in der verdreckten Sandkiste ist glücklicherweise nicht die einzige, wenn auch die billigste Möglichkeit, das Matschbedürfnis von Kindern zu befriedigen.

Töpfern: Dazu brauchen Sie nicht extra einen Töpferkursus zu absolvieren. Besorgen Sie sich aus dem Bastelladen oder der Bastelabteilung des Kaufhauses oder bei einer Töpferei um die Ecke Ton. Dann benötigen Sie zu Hause nur noch einen freien Tisch, eine abwaschbare

Unterlage, eine Schüssel mit Wasser und ein paar alte Lappen zum Wischen und Befeuchten.

Und nun einfach drauflos! Ein Stück Ton abzutrennen vom Klumpen gelingt am besten mit einem dünnen Draht, den Sie durch den Ton ziehen (es empfiehlt sich, am Ende je einen Korken oder ein Hölzchen zu befestigen). Lassen Sie die Kinder den Klumpen Ton werfen, hauen, rollen, drücken, quetschen, drehen und verdrehen, bis sie keine Lust mehr haben (Luftbläschen werden auf diese Art eben auch hinausgeschlagen). Nun erst lassen Sie die Kinder mit dem Formen beginnen.

Sie müssen den Ton dann trocknen lassen. Mit Plakafarben können die einzelnen Teile bemalt werden, und wenn Sie wollen, können Sie alles noch überlackieren. Erst wenn Sie eine Möglichkeit haben, irgendwo den Ton im Brennofen brennen zu lassen und dann mit einer zweiten Glasurbrennung versehen zu lassen, ist die Töpferei auch wasserfest. Als Alternative bietet sich auch Gips an.

Knete: Modelliermasse, Knete sind ein beliebtes Kinderspielzeug. Sie finden hier auf dem Mark luftgetrocknete Massen, die Sie im Backofen zum Erhärten bringen. Aber Achtung! Auch hier haben Sie es oft mit Giften zu tun, die für ihr Kind nicht ungefährlich sein können. Achten Sie auf Hinweise auf der Verpackung, ob hier ein Warnhinweis verzeichnet ist; entsprechend müssen Sie es handhaben. Auch hier kann ein Blick in den schon erwähnten Ökotest-Ratgeber oder in den «Ökoberater für Eltern» von Meinerzhagen/Eckardt sinnvoll sein.

Brot backen: Mit dem Brotbacken können Sie das Interesse des Kindes, mit Lebensmitteln zu matschen, in eine Richtung lenken, die Ihnen vielleicht angenehmer ist. Sie brauchen zum Brotbacken: 1 Päckchen Hefe, die leicht zerbröckelt, wird in eine Tasse mit einer Prise Salz und Zucker gegeben. Mit 250 Gramm Mehl und zwei bis vier Tassen Wasser zusammenkneten und dann ungefähr 20 Minuten «hochgehen» lassen; dann erst können Sie es in den vorgewärmten Backofen schieben und etwa 20 Minuten bei 180 Grad Hitze backen lassen. Vorher können Sie mit den Kindern natürlich die unterschiedlichsten Gebilde formen: Brötchen, Brote.

Von Till Eulenspiegel ist bekannt, daß er einmal als Bäckergeselle Eulen und Katzen gebacken hat. Es muß aber nicht unbedingt «Brotteig» sein, es gibt auch noch andere Möglichkeiten, z.B.

Salzteig: Sie benötigen Wasser, Mehl und Salz im Verhältnis 1 zu 2 zu 2. Das rühren Sie an und geben 1 bis 2 Tropfen Öl dazu, um den «Teig» geschmeidiger zu machen.

Puderzuckermasse: Zutaten sind 5oo g Puderzucker, 1 Eiweiß, 1 Eßlöffel Honig und etwas Mehl. Lassen Sie die Kinder alle Zutaten verkneten, geben Sie eventuell ein paar Tropfen Zitronensaft hinzu. Ist die Masse zu feucht, nehmen Sie noch mehr Puderzucker. Die Kinder können nun die unterschiedlichsten Figuren formen. Wenn Sie gar noch ein paar Liebesperlen haben, dann lassen sich die Teilchen hervorragend dekorieren. Die Teilchen müssen einen Tag trocknen oder im Backofen bei 50 Grad gebacken werden, bis sie fest sind.

Marzipanmasse: Noch verlockender zum Modellieren ist das Formen von Marzipanfiguren. Sie benötigen Marzipanrohmasse und Puderzucker (2 Teile Marzipanrohmasse zu 1 Teil Puderzucker). Wenn Sie etwas Kakaopulver oder Zimt im Hause haben, so lassen sich die Teile auch noch hübsch einfärben.

Bei diesen «Teigrezepten» ergibt sich der Vorteil, daß kind u.U. seine Ergebnisse essen kann. Das ist zwar nicht unbedingt gesund. Aber Ihre Kinder werden nicht jeden Tag «backen», so daß Sie es getrost zulassen können, auch einmal «so etwas» zu essen.

Pappmaché: Als ich letzte Woche meinen Sohn aus der Babygruppe nach Hause holte und ihn dann auszog, wunderte ich mich doch sehr. Seine Haare waren verklebt, auch an verschiedenen Körperstellen klebte etwas. Das «Teufelszeug» entpuppte sich als einfacher Mehlkleister. Die Kinder hatten, natürlich nackt, in der Babygruppe Mehlkleister, einfach Mehl mit Wasser, angerührt und auf dem Tisch gematscht. Nach einiger Zeit hatten die Betreuer den Kindern bunte Papierschnipsel aus Seidenpapier angeboten. Diese Schnipsel haben sie in den Mehlkleister getaucht und dann auf ein großes Stück Pappe gebatscht. So entstand ihr erstes Gemeinschaftswerk, das die Eltern auf dem nächsten Elternabend bewundern konnten.

Ein Bad und ein bißchen Rubbeln reichten aus, und der «Kleister» war entfernt.

Im allgemeinen wird Pappmaché allerdings nicht, wie beim zufälligen Spiel der Kindergruppe, mit Mehl angerührt. Das wäre in der Tat Verschwendung. Sie nehmen dazu Tapetenkleister, den Sie entspre-

chend der Vorgabe zu dickem Brei in einem großen Eimer anrühren. Zerreißen Sie Zeitungspapier, Eierkartons oder Küchenpapier in kleine Schnipsel und übergießen Sie diese in einem zweiten Eimer mit recht warmem Wasser. Sobald das Papier gut durchgeweicht ist, wird es geknetet und ausgewrungen und Kleister dazugegeben. Nun kann das Ganze verrührt, vermatscht und geknetet werden.

Bei all diesen Spielen mit Teig, Knete, Pappmaché usw. kommt es nicht darauf an, daß am Ende ein besonders gelungenes Kunstwerk entsteht (obwohl Joseph Beuys, einer der bedeutendsten deutschen Künstler dieses Jahrhunderts, die Devise vertrat: «Jeder Mensch ein Künstler», die natürlich auch auf Ihr Kind zutrifft). Wichtig ist, daß die Kinder mit den Stoffen nach Herzenslust matschen können. Wenn dann noch etwas «Schönes» herauskommt, ist das ein erfreuliches Nebenprodukt.

Auf ein anderes Spielmittel können Sie natürlich nicht verzichten. Das ist Farbe. Die Welt ist glücklicherweise nicht schwarzweiß oder grau-in-grau. Manche Tiere haben ein buntes Federkleid oder Fell, Menschen kleiden sich farbig, schminken sich. Farben haben eine «erotische Ausstrahlung», das werden Sie als Erwachsene(r) längst bemerkt haben.

Die Farbe der Liebe ist Rot. Früher (und heute auch noch) «errötete» man, wenn man verliebt war (weil das Blut zu Kopf steigt). Es gibt aber auch sehr viel Erklärungen, die z.B. direkt darauf verweisen, daß eben die Geschlechtsorgane «rot» werden (wegen der verstärkten Durchblutung mit arteriellem, d.h. sauerstoffreichem und damit rötlich gefärbtem Blut), wenn sich sexuelle Lust regt. Orte käuflicher «Liebe» gelten seit altersher als «Rotlichtbezirke», und meine rotleuchtende chinesische Lampe ist oft genug als «Pufflampe» bezeichnet worden.

Es ist allgemein anerkannte Lehrmeinung, daß insbesondere Babies die rote Farbe jeder anderen vorziehen.

Farbempfinden hat also einiges mit Körperempfinden und Sexualität zu tun. Meine Ausführungen zur roten Farbe sollen Sie aber nicht verleiten, mit Ihrem Kind nun alles rot anzumalen. Kinder brauchen alle Farben.

Fingerfarben: So macht es kleinen Kindern Spaß, sich mit Fingerfarben anzumalen. Die sind zwar wasserlöslich, jedoch können Sie sie

besser wieder abwischen, wenn Sie die Kinder einölen. Das empfiehlt sich auch bei anderen Farben. Die Farbe zieht sonst zu sehr in die Poren ein. Auch hier sollten Sie die erwähnten «Ökoberater» vor dem Kauf studieren: Manche Fingerfarben sind nämlich keineswegs so «ungiftig», wie es das Etikett verspricht! Ein sehr schönes Spiel nenne ich **«Ich male dich, du malst mich».** Es geht dabei darum, daß die Kinder sich gegenseitig in Lebensgröße auf ein Stück Papier malen, um dann selbst die Geschlechtsmerkmale einzumalen.

Sie brauchen für jedes Kind ein großes Stück Papier. Ist an Ihrem Wohnort eine Zeitungsdruckerei, so fragen Sie dort doch einmal nach Resten nach. Meistens bekommen Sie dort eine große Rolle Papier, die für Sie und die Kinder wertvoll ist, hier in der Druckerei aber als Abfallprodukt gehandelt wird. Nun kann sich das Kind nackt auf das Stück Papier legen, und mit einem großen Pinsel kann ein anderes Kind die Umrisse malen.

Wenn die Bilder der einzelnen Kinder dann an der Wand hängen, können interessante Vergleiche angestellt werden.

«Doktor»-Spiele

Früher war die Untersuchung beim Arzt für Kinder (und Erwachsene) die einzige Situation, in der Nacktheit etwas halbwegs Normales war. Bei einer Kinderkrankheit haben Ihre Eltern Ihnen vielleicht sogar die Körpertemperatur im Po gemessen, mit dem Sie sonst eigentlich nicht spielen durften.

Weil dem so war, heißen Spiele, in denen Kinder sich intensiv mit ihren Sexualorganen oder denen anderer Kinder beschäftigen, «Doktorspiele». Dabei sind sie am liebsten allein, ohne Erwachsene. Allerdings ist es sicherlich sinnvoll, daß Sie, wenn Sie nicht zu viele Probleme damit haben, sich mit Ihrem Kind gemeinsam und spielerisch an die Entdeckung des Körpers machen. Ihr Kind spielt mit Ihrer Brust, beim Baden wird es sich auch für andere Körperteile einschließlich der Genitalien interessieren. Manche Kinder spielen mit ihrer Mutter gern das Spiel, in den Körper, aus dem sie gekommen sind, wieder hineinzukriechen. Sie legen sich auf Ihren Bauch und ringeln

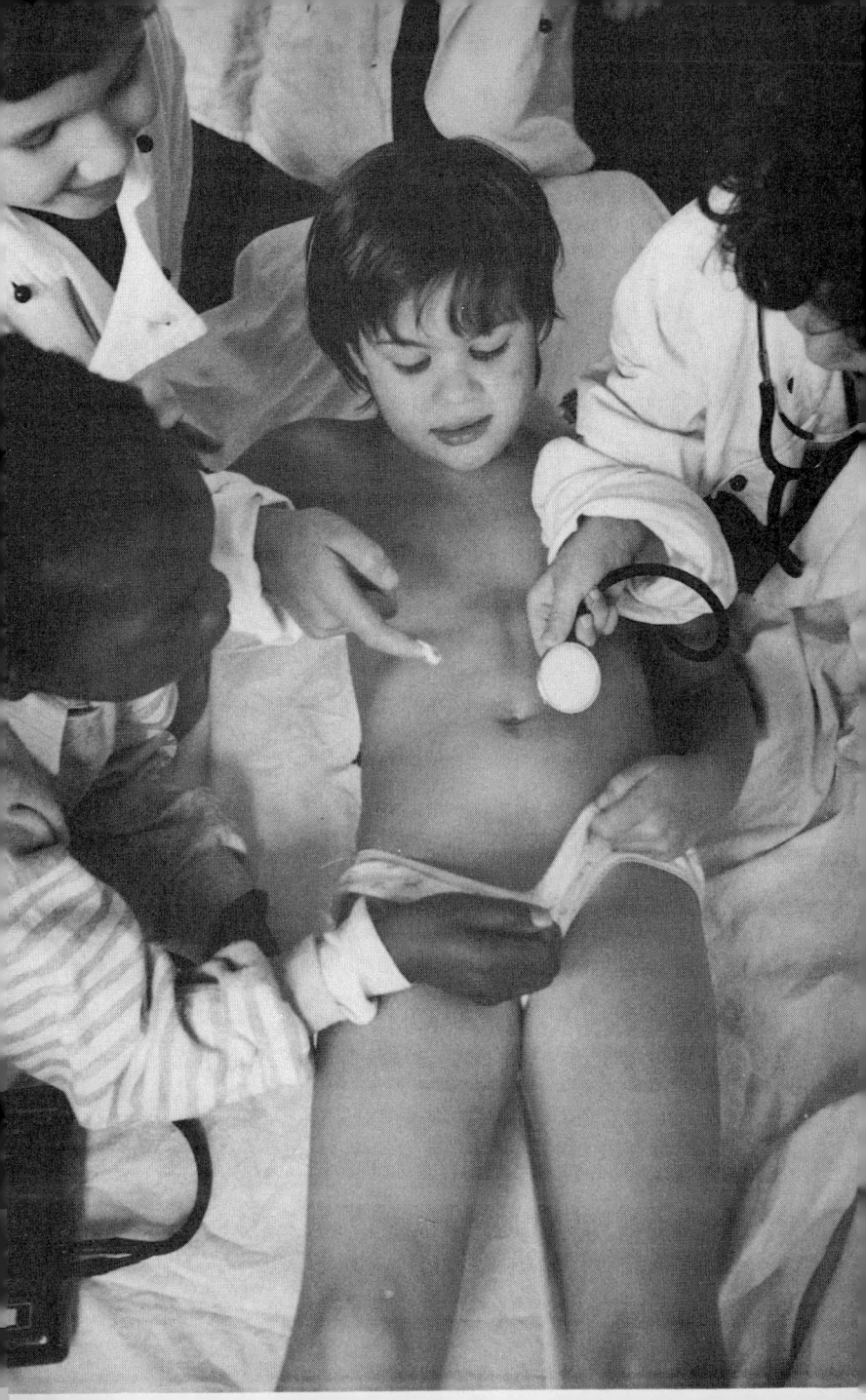

sich zusammen, als ob sie im Mutterleib liegen. Sie werden dabei merken, daß sie mittlerweile zu groß geworden sind, um irgendwie auf Ihrem Bauch Platz zu finden. Männer haben erfahrungsgemäß größere Probleme, ihre Kinder an ihren Körper herankommen zu lassen und schützen gute Gründe vor (in der Tat ist es wohl schmerzhaft, wenn ein Kleinstkind mit der Greifhand in die Hoden grapscht).

Darüber hinaus ist es aber sinnvoll, Ihrem Kind nicht nur die Zeit, sondern auch den Raum zu geben, sich zum Schmusen und Spielen mit anderen Kindern zurückzuziehen. Das gilt um so mehr für Kindergartengruppen.

Sie verfügen wahrscheinlich nicht über eine Villa mit etlichen Zimmern. Trotzdem: Irgendwo werden Sie vielleicht für Ihr Kind, Ihre Kinder eine Kuschelecke einrichten können. Das kann ein Hochbett sein, es reicht aber vielleicht auch ein «Himmel» über dem Bett. Es kann eine Höhle sein, die Sie selbst bauen, oder auch nur eine Ecke im Zimmer, die Sie durch einen Vorhang oder große Tücher abteilen. Dieser Raum muß eine «erwachsenenfreie Zone» sein, die nur nach Anmeldung von Ihnen betreten wird.

Verstehen Sie dabei aber den Begriff «erwachsenenfrei» nicht falsch. Genausowenig wie man sexuelle Spiele verbieten kann, sollte man sie ignorieren. Ihr Kind soll sicher sein, daß es in der Kuschelecke mit sich und anderen ungestört ist. Es soll aber nicht den Eindruck bekommen, Sie würden es mit seiner Sexualität «abschieben» und am liebsten wegsehen, wenn es irgend etwas «Sexuelles» betreibt (Ihr Kind guckt auch nicht unbedingt weg, wenn es sieht, wie Sie «Doktorspiele» ausführen).

Jetzt rühren sich bei Ihnen vielleicht Bedenken: Was ist, wenn die Kinder sich beim Spielen verletzen? Bisweilen ist in Zeitungen von Fällen zu lesen, in denen sich Kinder alle möglichen Gegenstände in Scheide oder Poloch gesteckt haben. Dabei handelt es sich dann jedoch um Einzelfälle, die wahrscheinlich mit dem Ziel herausgestellt werden, Kinder wieder im Umgang mit ihrem Körper einzuengen. Ich habe in neunzehnjähriger Tätigkeit als Erzieherin mit vielen hundert Kindern keinen solchen Fall erlebt. Kinderärzte berichteten mir, daß Verletzungen durch Gegenstände an Scheide und Poloch auch in ihrer Praxis sehr selten vorkommen.

Zur «Vorbeugung» kann ich nur zwei Dinge empfehlen: Erstens: Stellen Sie Ihrem Kind einen interessanten «Arztkoffer» mit Gegenständen zur Verfügung, die nicht scharf sind, z.B. ein ausgedientes

Abhörgerät (nicht fürs Telefon, sondern für Herz und Lunge), Lupe, Vergrößerungsglas. Ausgesprochen wichtig ist ein Spiegel, damit sich Mädchen z.B. selbst ihre Scheide ansehen können (den «Tip» sollten Sie Ihrer Tochter ohnehin bei Gelegenheit geben); dann viele bunte Tücher, Läppchen, Binden usw.

Sehr nützliche Materialien sind viele Döschen mit Cremes, Rasierschaum u.ä. Ihr Kind kann sich, wenn es groß genug ist, davon «Proben» aus Geschäften besorgen. Relativ preiswert gibt es Lebensmittelfarben, mit denen Sie Cremes einfärben und in Döschen abfüllen können.

Von besonderem Reiz und völlig ungefährlich sind dann auch noch Präservative oder Kondome. Wenn Sie sie ohnehin im Haus haben, werden die Kinder sie gern «zweckentfremden», z.B. geht dort eine Menge Wasser hinein.

Der beste Schutz gegen Verletzungen ist aber das Körperbewußtsein Ihres Kindes. Wenn es weiß, was weh tut, und weiß, daß Dinge, die kind selbst mit dem Körper macht, dem eigenen oder einem fremden nicht schmerzen sollen, wird es andere nicht verletzen und sich selbst nicht verletzen lassen. Diesen Gedanken werde ich später im Kapitel über den sexuellen Mißbrauch von Mädchen noch einmal aufnehmen.

Kapitel 4

Die Sexualität der Eltern

Manchmal denke ich, man sollte den ganzen Umgang mit der Sexualität der Kinder beschränken auf die freundliche Aufforderung: *Kinder, macht euern eigenen Sex.* Das fällt mir besonders bei Eltern ein, die ganz bestimmte Ziele in der «Sexualerziehung» erreichen wollen. Oder wenn ich ein Buch gelesen habe, in dem haarklein aufgeschrieben wird, was Kinder wie und wann zum Thema erfahren und wissen müssen.

Aber dann verwerfe ich den Gedanken doch wieder. Zum einen deshalb, weil daraus auch eine bestimmte erwachsene Erwartungshaltung spricht. Früher durften die Kinder sich nicht sexuell betätigen, heute sollen sie es. Oder wie Gunter Schmidt es in Hinblick auf in sexuellen Fragen aufgeschlossene Eltern etwas spitzer formuliert: «Für den bürgerlichen Jungen, sagen wir vor hundert Jahren, vor fünfzig Jahren oder auch noch vor dreißig Jahren, war die Selbstbefriedigung verboten... Der Mittelschichtsjunge von heute verfügt dagegen scheinbar souverän über diese Lustmöglichkeit seines Körpers... Seine liberalen und aufgeklärten Eltern raten ihm möglicherweise und besorgt, er möge doch mal wieder onanieren, wenn er schlecht gelaunt oder gerade einmal unzufrieden ist» (Schmidt 1988, S. 47).

Zum anderen braucht man Kinder gar nicht aufzufordern, ihren

eigenen Sex zu machen. Sie machen es von Geburt an und auf ihre eigene Art. Diese eigene Art entfalten sie wahrscheinlich um so mehr, wenn wir sie dabei in Ruhe lassen. Insofern ist die Aufforderung: «Kinder, macht euern eigenen Sex» überflüssig, vielmehr gilt für uns Erwachsene: «Lassen wir unsere Kinder ihren Sex machen.» Das heißt nicht nur, auf Verbote zu verzichten, sondern auch auf die von Schmidt zu Recht angegriffene unnötige Ermunterung. Das heißt natürlich auch, daß wir unseren Kindern die äußeren Bedingungen geben, die sie brauchen, also z.B. einen kuscheligen Platz, in den die Erwachsenen nicht hineinplatzen. Einige Eltern akzeptieren es inzwischen, wenn Kinder sich zurückziehen, um offenkundig «sexuellen Spielen» nachzugehen. Später siegt dann aber doch oft die erwachsene Neugier; man versucht dann, mehr oder weniger geschickt, die Kinder auszufragen, was sie denn gemacht haben oder wie es war.

Kinder machen aus ihrer Sexualität kein Geheimnis, wenn die Erwachsenen ihnen dazu keinen Anlaß geben. Wenn man Sexualität als selbstverständlich akzeptiert, toleriert und sich nicht immer genötigt fühlt, sich einzumischen, erzählen sie freimütig über Empfindungen und Erlebnisse. Sie schlagen nicht verstört die Bettdecke über sich, wenn man aus Versehen gerade bei der Selbstbefriedigung stört.

Sie meinen jetzt vielleicht, ein bißchen «Schamgefühl» sei doch ganz nützlich. Größere Kinder könnten in der Wohnung nackt herumlaufen, aber auf dem Spielplatz oder Schulhof sei das doch eher unangebracht. Mädchen könnten ja gern zu Hause ihren Kitzler an der Bettdecke reiben, sollten aber darauf verzichten, das gleiche im Turnunterricht an der Kletterstange zu machen. Und schließlich müßten sich die Kleinen nicht unbedingt in der U-Bahn oder im Bus über ihre «Fickversuche» unterhalten.

Tatsächlich leben unsere Kinder in einer Gesellschaft, in der Sexualität im engeren Sinne nicht auf der Straße oder sonstwie öffentlich praktiziert wird. Es gibt zwar die küssenden und schmusenden Pärchen auf der Straße, im Park oder im Schwimmbad. Die von John Lennon vor mehr als zwanzig Jahren aufgeworfene Frage: «Why don't we do it in the road? zu deutsch: «Warum treiben wir es nicht auf der Straße?» ist aber immer noch einfach zu beantworten: Man ist dabei lieber allein und ungestört; außerdem würden dann reihenweise Autos zusammenstoßen und prüde Passanten in Ohnmacht fallen. Nach meinen Erfahrungen wissen Kinder, für die es keine sexuellen Tabus gibt, meistens sehr gut darüber Bescheid, daß ihre Umwelt auf sehr

direkte sexuelle Äußerungen oder Anreize, z.B. das nackte zehnjährige Mädchen auf dem Spielplatz, irritiert reagiert, und verhalten sich entsprechend. Sie reagieren vernünftig: weil sie wissen, daß um sie herum Sexualität immer noch tabuisiert wird oder vermarktet, tragen sie sie nicht über das inzwischen tolerierte Maß hinaus öffentlich zu Markte. Genauso kann man erleben, daß sexuell offen erzogene Kinder beim Besuch bei Oma und Opa sich dann sehr gut «zu benehmen» wissen und Rücksicht darauf nehmen, daß die alten Leute für allzu große «Freizügigkeit» keinen Sinn haben.

Die Schlafzimmerfrage

Halten wir fest, daß Kinder nicht von sich aus unnötig ein Geheimnis aus ihrer Sexualität machen. Wenn sie es dann doch machen, haben sie meistens Gründe, die in Erfahrungen mit Erwachsenen liegen. Versuchen wir nicht, mit Druck, gutem Zureden oder Tricks, solche Abwehrhaltungen zu durchbrechen. Denken wir lieber über unsere eigenen Geheimnisse und Abwehrhaltungen nach. Damit sind wir bei dem, was bisweilen als das «Problem Elternschlafzimmer» (Kentler 1988, S.81) bezeichnet wird.

Wer kennt die Situation nicht: Das Kind schläft mit im Bett, und man hat Lust auf Sex mit dem Partner. Was tun? Einfach kalt duschen, wie es früher als Allheilmittel gegen «Fleischeslust» gepriesen wurde? Woanders hingehen, obwohl es gerade so kuschelig warm ist? Miteinander schmusen, aber eben ganz leise? Einfach so machen, wie man es immer macht? Oder vielleicht das Kind vorsichtig, ganz vorsichtig umquartieren? Was ist aber dann, wenn das Kind aufwacht?

In unserer Kindergruppe kannten alle das Problem, aber es wurde gar nicht so «eng gesehen». Also auf den Spaß verzichten, wenn mensch gerade Lust aufeinander hat, nein, das wäre doch sehr ärgerlich. Natürlich wollen wir Eltern schon unsere Ruhe beim Sex haben. Aber macht es wirklich so viel, wenn das Kind mal aufwacht und uns beim Liebemachen zuschaut? «Passiert» ist es schon bei fast allen. Was mögen die Ein-, Zweijährigen empfunden haben, und wie reagieren wir selbst? Ein Kind schien ein bißchen irritiert, ein anderes Kind erst ängstlich und dann gleichgültig gewesen zu sein. Wieder andere

wollten mitmachen, sie sagten «hoppi hoppi» oder «auch turnen». Eine Mutter berichtete, daß ihr Kind ernsthaft eifersüchtig gewesen sei. Es sagte immer «weg-weg» und wollte an ihrer Brust nuckeln. Das Kind würde sich aber auch immer dazwischendrängeln, wenn die Eltern sich nur so einen Kuß geben oder mal vor Freude in den Arm nehmen. Ein weiteres Kind scheint der Situation keine besondere Beachtung zu schenken, es sitzt im Bett und spielt. Diese Situation war auch bei einem anderen Paar «normal»; manchmal wolle das Kind auch mitkuscheln, dann würden die Eltern halt eine Pause einlegen und mit dem Kind «Dreierkuscheln» machen. Dieses Paar vertrat dann auch folgende Meinung: Genauso wie das Kind lernen muß, selbständig zu spielen und sich selbst zu beschäftigen, und man dann «Zeitunglesen» kann oder die «Hausarbeit» machen, müßte das Kind auch akzeptieren lernen, daß die Eltern sich lieben. Genauso wie das Kind bei anderen Tätigkeiten, die wir Erwachsene ausführen, mitmachen will und sich dann wieder eigenen Sachen und Spielen zuwendet, müßten die Kinder auch hier das Gefühl vermittelt bekommen, nicht zu stören. Das wäre eben wie in allen Dingen ein Entwicklungs- und Lernprozeß.

Das hört sich irgendwie gut an, dachte ich, und schaute mir die wenigen veröffentlichten Meinungen zu diesem Thema an. Dabei stieß ich jedoch auf wenig Gegenliebe für diese Ansicht.

Sehr lebensnah schildert Bernhard Schön die Situation gleich am Anfang seines Berichtes über einen teilzeitbeschäftigten Vater mit berufstätiger Frau und kleinem Kind. Wegen der offenen und ehrlichen Auseinandersetzung mit der Rolle des «neuen Vaters» sei dieses Buch allen werdenden Vätern und besonders denen, die sich mit dem Gedanken tragen, die Hauptverantwortung für die Erziehung eines Kindes zu übernehmen, nur empfohlen. Er liegt morgens mit seiner Frau im Bett, will mit ihr schmusen, als der Kleine aufwacht und spielen will. Das Spielzeug wird gefunden, aber abzulenken ist das Kind auch nicht, und so verzichtet man. Bernhard ist gefrustet und der Tag ist gelaufen.

Später im Zug denkt er: «Das konnte doch einfach nicht funktionieren. Uns lieben, während Martin im Zimmer ist. Aber wer denkt in einer solchen Situation über Konsequenzen nach. Ich weiß natürlich, daß Maya und ich nicht ‹unter Beobachtung› miteinander schlafen können. Auch wenn manche fortschrittlichen Erzieher fordern, die Schlafzimmertüren auszuhängen und alle Erfahrungen mit den Kin-

dern zu teilen: Wir empfinden unsere Scheu nicht als Defizit» (Schön 1983, S. 10).

Helmut Kentler spricht sich erst einmal dafür aus, innerhalb der Familie eine Anklopfregel für verschlossene Türen einzuführen. Wenn die Erwachsenen sich den Kindern gegenüber an diese Regel halten, würden die Kinder sie auch akzeptieren, ist seine Überzeugung, die ich eher für einen frommen Wunsch halte. Nur kleine Kinder könnten dann noch die Eltern stören. Da wäre es am besten, wenn sie «ihr Liebesspiel unterbrechen und sich um den kleinen Eindringling und Störenfried kümmern», vielleicht mit ihm zusammen ein bißchen zärtlich kuscheln. Dem Vorschlag ist sicher nicht zu widersprechen. Allerdings lehnt er es auch ab, Kinder beim Geschlechtsverkehr zugucken zu lassen. Der Erwachsene würde sich nämlich gestört fühlen und das Kind ausgeschlossen. Außerdem könne es das Vorgehen falsch verstehen: nicht als Liebe, sondern als Aggression, also Angriff des Mannes (!) auf die Frau. Selbst dann, wenn Kinder sich nur einmal informieren, wie das geht, meint er, daß Eltern sich nicht zu Lehrzwecken hergeben sollten, und verweist auf Aufklärungsbücher (Kentler 1988, S. 82).

Mir gehen diese Positionen zu stark von den Interessen der Erwachsenen aus. Wir haben sicherlich auf Grund unserer Erziehung grundsätzlich Probleme, sexuelle Regungen offen zu zeigen. Und das wird am heikelsten, wenn es um das Intimste des Intimen geht. Ich meine jedoch, daß sich das Problem zumindest im Kopf verkleinern läßt, wenn man sich einmal vor Augen führt, warum Kinder denn überhaupt ein Interesse haben könnten, Erwachsenen beim Geschlechtsverkehr zuzuschauen.

Dieser Wunsch, von etwas größeren Kindern geäußert, ist ja zunächst lediglich Ergebnis einer frühzeitigen Aufklärung. Sie wissen, woher sie kommen und wie sie dort hineingekommen sind. Nichts liegt näher, als daß sie sich das einmal anschauen wollen. Wir erklären unseren Kindern viel. Nehmen wir ein Beispiel, das gar nichts mit Sexualität zu tun hat: Unser Kind will Kekse backen. Dann drücken wir ihm ja kein Kochbuch in die Hand und sagen: Da steht es drin, da ist der Herd. Nun mach mal. Aber wenn es um den Geschlechtsverkehr geht, dann sollen sie, so Kentlers Vorschlag, sich mit dem Kochbuch zufrieden geben.

Nicht nur die «Aufklärung» macht unsere Kinder «neugierig». Auf der Straße, im Kindergarten, später in der Schule erhalten sie von

anderen Kindern die kuriosesten «Informationen» darüber, was Erwachsene miteinander «treiben». Und schließlich können wir natürlich auch «Neugier» fördern, indem wir ein Geheimnis um unsere Sexualität machen. Das geschieht nicht nur dadurch, daß wir die Tür abschließen. Schon der Hinweis: Störe uns in der nächsten halben Stunde nicht, wird nicht unbedingt mit Verständnis aufgenommen. Und die verschreckte Reaktion, wenn das Kind dann einmal ins Geschehen hineinplatzt, kann bei ihm den Eindruck entstehen lassen, daß da etwas ganz Besonderes passiert.

Man sollte bei der Problemlösung meiner Meinung nach zwischen verschiedenen «Fallkonstellationen» unterscheiden.

Solange man sein kleines Kind mit ins Bett nimmt oder es angekrabbelt kommt, wird man nicht vermeiden können, daß es auch mal zum «falschen» Zeitpunkt wach wird. Da ist wahrscheinlich der Vorschlag, sich ihm zärtlich zuzuwenden, bis es wieder eingeschlafen ist, der vernünftigste. Es fühlt sich dann nicht ausgeschlossen. Ihm muß es früher oder später als selbstverständlich erscheinen, daß die Mutter mit einem Partner oder einer Partnerin Liebe macht, ohne daß das der Liebe zum Kind irgendwelchen Abbruch tut. Wenn es dann irgendwann aus dem Bett krabbelt und spielen geht, ist das Problem ohnehin gelöst.

Ältere Kinder haben demgegenüber nur in Ausnahmefällen das Bedürfnis, «Dauergast» beim Geschlechtsleben der Erwachsenen zu sein. Es gibt Erwachsene, die sexuelle Befriedigung nur oder am besten dadurch erreichen, daß sie anderen beim Sex zusehen. Der «Volksmund» nennt sie Spanner oder auf französisch «Voyeure». Das sind aber Leute, die in aller Regel als Kinder nichts zu sehen bekamen, was mit Sexualität zu tun hat. Das Interesse unserer Kinder ist meist rein sachlich: Sie wollen mal sehen, wie das funktioniert. Wenn sie es dann gesehen haben, ist das Thema meistens abgehakt: «Kenne ich, ist harmlos!» Dann wird man die Kinder später auch ganz freundlich und direkt bitten können: «Versuche doch mal, in der nächsten Stunde nicht bei uns hineinzuplatzen. Wir wollen Liebe machen.»

Zugegeben: es ist nicht jederfraus und jedermanns Sache, dem Kind gegenüber die eigene Sexualität so weit offenzulegen. Deshalb sollten Sie sich auf keinen Fall dazu zwingen, weil Sie nun in einem Aufklärungsbuch entsprechende Überlegungen vorgefunden haben. Wenn man sich trotzdem zwingt, gegen eigene Hemmungen, es zu tun, kann das schiefgehen.

Dann ist allemal ein Gespräch mit dem Kind darüber sinnvoll, warum man lieber auf Darstellungen in Bücher verweist.

Schließlich, das ist eine dritte Möglichkeit, gibt es die Kinder, die eifersüchtig über das Sexualleben ihrer Eltern wachen. Kinder alleinerziehender Mütter z. B., die es gar nicht gern sehen, wenn die Mutter mit einem neuen Partner ankommt. Aber auch Kinder, die jede Zärtlichkeit ihrer Eltern untereinander als Schmälerung der Liebe begreifen, die ihnen entgegengebracht wird. Diese Kinder wollen aber nicht den Erwachsenen beim Liebemachen zuschauen, sie wollen es unterbinden und entwickeln dazu durchaus geschickte Methoden. Da ist man aber mit einem Problem konfrontiert, das über den unmittelbaren Bereich der Sexualität hinausgeht: mit der Eifersucht.

Ein Gespräch mit meiner Nachbarin

Zum erstenmal gehört vom Problem «Erwachsenen zuschauen» habe ich von meiner feministischen Freundin. Die hatte sich ein Bein gebrochen. Das war eingegipst. An der Wand hatte sie ein kleines Plakat. Abgebildet war eine Frau, die in der Sonne sitzt und überlegt: Was hätte ich denn jetzt gern? Eine Tasse Kaffee oder Schokolade, ein Vanilleeis oder 'nen Typen. Meine Freundin hatte sich trotz Gipsbein für letzteres entschieden und einen ihrer Liebhaber angerufen. Sie hatte allerdings die Flügeltür ihres Zimmers nicht ganz geschlossen, und so wurden zwei Jungen, knapp über zehn Jahre alt, die in der Wohngemeinschaft zu Besuch waren, durch den Spalt Zeuge des Geschehens. Sie waren beeindruckt: nicht von der Sache an sich, sondern darüber, daß ein Gipsbein kein Hinderungsgrund ist.

Beim Verfassen dieses Buches habe ich mich daran erinnert, was mir vor einigen Jahren meine Nachbarin Beate zum Thema erzählt hat und ein Interview mit ihr gemacht. Das Gespräch ist etwas länger geworden und kreist nicht nur um die «Schlafzimmerfrage».

Heidi: Du hast einen Sohn, der jetzt zehn Jahre alt ist. Als frauenbewegte Frau hast du dir gerade in der Erziehung deines Sohnes vorgenommen, so einiges anders zu machen. Sage doch bitte mal, um welche Punkte es dir geht?

Beate: Ausgangspunkt für alles waren natürlich meine eigenen Erfahrungen mit Männern. Es geht mir vor allem darum, daß mein Sohn zu seinen Gefühlen steht, das heißt Freude und auch Leid offen äußern kann. Auch Glück und Geborgenheit finde ich wichtig. Das «Weibliche» in ihm stärken und das «Männliche» nicht fördern, das tut die Umwelt eh genug. Das erscheinen mir Voraussetzungen dafür, daß er kein «Macker» werden muß.

Gut, dein Sohn soll kein «Macker» werden. Was heißt das für dich im Bereich der Sexualität?

Das heißt freier und lustvoller Umgang mit dem eigenen Körper, besonders auch viel mit anderen Kindern zusammen. In den ersten drei Lebensjahren war mein Sohn immer das jüngste Kind in der Babygruppe, die er damals schon ganztags besuchte. Größere Kinder, Jungen wie Mädchen, waren sein Vorbild, und er konnte von ihnen viel lernen. Dann ist er über mehrere Jahre im Kinderladen in einer Gruppe aufgewachsen, in der er viel mit Mädchen zu tun hatte. Das waren seine Freundinnen und sind es heute noch. Mit ihnen hat er gespielt und Erfahrungen gemacht, eben auch sexuelle.

Kannst du dich erinnern, wann und wie du das erste Mal wahrgenommen hast, daß dein Kind eine eigene Sexualität hat?

Lust am Umgang mit dem Körper war immer da. Auch haben wir uns viel gestreichelt und geknuddelt. Ich erinnere mich noch, daß er als Kleinkind dann nackt ins Bett ging oder wenigstens ohne Unterhose. Irgendwann hat er mal gesagt, dann könne er sich beim Vorlesen besser anfassen, und das sei so ein schönes Gefühl. Wenn ein anderer Junge bei uns schlief, gab es oft ein witziges Bild: Mein Sohn hatte nur ein Hemd an, seine Freunde immer eine Unterhose. Das fand er einfach unpraktisch.

Moderne Pädagogen empfehlen den Eltern, auf Fragen ihrer Kinder ehrlich zu antworten, aber nie von sich aus das Thema anzusprechen. Wie hast du das mit deinem Kind gemacht?

Sexualität gehört zu unserem Leben. Das spielt sich bei uns zu Hause in der Familie und auch in der Umwelt ab. So laufen wir in der Wohnung nackt herum, und auf der anderen Seite ist hier um die Ecke die Reeperbahn mit allem, was zu einem «Vergnügungsviertel» dazugehört. Da reden wir über Sexualität ganz selbstverständlich. Ich

spreche die Fragen durchaus auch von mir aus an. Zum Beispiel über Prostitution, das kommt in Filmen manchmal vor und auch hier in der Nachbarschaft. Über Homosexualität haben wir auch gesprochen, als «schwul» in der Vorschule ein Schimpfwort war.

Diese obengenannten Pädagogen lehnen es erst recht ab, die Kinder zu sexuellen Fragen und Reaktionen zu animieren. Wie stehst du dazu?

Mein Sohn hatte immer eine Reihe «Aufklärungsbilderbücher» in seinem Bücherregal stehen. Die hat er sich jederzeit ansehen können. Übrigens haben eine Reihe Freunde, die diese Bücher zu Hause nicht haben, die Gelegenheit kräftig genutzt. Darüber hinaus habe ich eine Reihe eigener Sexbücher in meinem Regal stehen. Er hätte an diese Bücher auch jederzeit herangehen können, ohne mich vorher zu fragen. Das hat er jedoch nie gemacht.

Nun hat er bei sich das Sexbuch «Sexualinformationen für Kinder»; bei mir steht der zweite Band «Sexualinformationen für Jugendliche». Und da habe ich mich neulich gefragt, ob ich ihm nicht meinen 2. Band schenken sollte oder damit noch ein bißchen warte. Kurz, ob das nicht animiert zu Dingen, die er noch nicht im Kopf hat. Ich habe mir nun überlegt, das Buch selbst erst noch einmal anzusehen und es ihm dann zu schenken.

Das eigentliche Motiv ist ja die Angst, man würde die Kinder zu sehr motivieren, letztlich übermäßig zu Sex anhalten.

Also ich habe den Eindruck, daß das alles eher umgekehrt läuft. Es ist nicht so, daß, je mehr die Kinder wissen, desto mehr versuchen sie, Sex zu betreiben. Sicherlich, sie wissen, wie sie sich Lust verschaffen können und probieren dabei auch herum, aber das hat eine gewisse Normalität wie die anderen Quellen der Lebensfreude. Außerdem glaube ich, sind in diesem Zusammenhang auch Freundschaften sehr wichtig. Denn viele Sachen laufen ja auch bei den Kindern untereinander ab. Mein Sohn hat das Glück, unter anderem eine Freundin zu haben, mit der er sich auch körperlich sehr gut versteht. Es ist durchaus nicht so, daß er mit all seinen Freundinnen Sexspiele macht. Zur Zeit ist das nur ein Mädchen, und da habe ich den Eindruck, daß sie ihn auch wesentlich «animiert», und das ist doch okay.

Aber wenn ich mir sein tägliches Leben so anschaue, ist «Sex» im engeren Sinnes eben nur eine Sache neben vielen anderen Erfahrungen.

Wie ist es heute? Dein Sohn ist bald in der Pubertät. Allgemein sagt man, daß das Schamgefühl bei den Kindern dann wächst.

Er hatte schon immer seine Freiräume und auch seine Geheimnisse. So steht in seinem Zimmer eine Geheimnis-Schatztruhe, in die ich nicht hineinschaue. Auch akzeptiere ich, wenn er in seinem Zimmer nicht gestört werden will, und horche auch nicht hinter der Tür, was er da jetzt wohl macht. Das sind Vertrauensfragen, und schließlich will ich ja auch, daß er mich in bestimmten Situationen nicht stört und meine Persönlichkeit akzeptiert.

Dieses Bedürfnis nach Abgeschlossenheit ist sehr unterschiedlich ausgeprägt. So gab es mal eine Phase, da war er etwa sieben Jahre, in der wollte er in seinem Zimmer nicht gestört werden, wenn er mit seiner Freundin dort spielte. Es hing dann immer ein Zettel «Nicht stören» an der Tür. Das habe ich selbstverständlich akzeptiert. Bis in mein Zimmer konnte ich lautes Gekichere hören.

Du hast mir jetzt geschildert, wie dein Sohn mit sich, seinem eigenen Körper umgegangen ist und wie du mit deinem Kind umgegangen bist. Aber dein Kind hat ja auch Freunde und Freundinnen. Läuft da sexuell was ab? Was kriegst du davon mit?

Ja, da läuft einiges ab, aber frage mich nicht genau, was. Das kann ich kaum sagen. Denn da hat mein Sohn mit seinen Freundinnen auch seinen eigenen Bereich. In der Entwicklung war das sehr unterschiedlich. Es gab eine Zeit, wo mein Sohn eben nicht gestört werden wollte. Das ist jetzt vorbei. Vor einiger Zeit zum Beispiel haben die beiden Kinder sich gegenseitig nackt photographiert. Das haben sie gesagt, und ich hatte nichts dagegen. Allerdings habe ich bis heute diese Fotos noch nicht gesehen. Ich will da auch nicht aufdringlich sein. Irgendwann wird er mir die sicherlich auch mal zeigen.

Ein einziges Mal habe ich allerdings «eingegriffen». Nach dem, was die Kinder so erzählten, hatte ich den Eindruck, daß «Erwachsenensex» ihr eigenes Herumprobieren prägte. Das kam aus der Schule: Wer wen fickt, gebumst hat, bumsen würde usw. Ich kenne das ja aus der eigenen Arbeit an der Schule und weiß, daß es oft von unaufgeklärten, verklemmten Kindern ausgeht.

Ich fand, es paßt nicht zu ihnen, nicht zu uns. Ich hatte eben die Vorstellung: «Kinder, macht euren eigenen Sex.»

Mein Sohn und seine Freundin haben mir allerdings schnell klargemacht, daß es nur Gerede ist, sie es selber blöd finden und genau wissen, was sie tun: Sie würden sich streicheln, kitzeln, anfassen, küssen, drücken, und am Schwanz und an der Möse kribbelt es besonders schön.

Also, sie machten ihren eigenen Sex. Es war mehr mein Problem. Trotzdem finde ich meinen «Eingriff» richtig, denn ich glaube, sie mußten sich schon mit diesen Sachen auseinandersetzen, eine Weile lang. Vielleicht habe ich ihnen geholfen, vielleicht hätten sie es auch allein geschafft.

Du hast ja über lange Zeit alleine mit deinem Sohn gelebt. Fehlte ihm da die männliche Bezugsperson? Wie hast du versucht, hier einen Ausgleich herzustellen?

Nein, ihm fehlte da die männliche Bezugsperson nicht. Er hatte ja immer Kontakt zu seinem Vater. Außerdem habe ich einen Lebensgefährten, mit dem sich mein Sohn gut versteht. Gerade zwischen den beiden läuft es sehr offen. Neulich hatte mein Sohn eine Entzündung, die haben wir zwar zusammen begutachtet. Behandeln, einreiben lassen wollte er die aber lieber von meinem neuen Mann. Auch will er von ihm viele Sachen wissen, wie es bei ihm früher war, als er noch ein kleiner Junge war. Da laufen viele Gespräche zwischen den beiden, und das ist für mich eine große Entlastung.

Redest du mit deinem Sohn über die unterschiedlichsten Formen der Sexualität der Menschen? Hast du z. B. Befürchtungen, daß dein Sohn schwul wird?

Ja, wir reden darüber. Er weiß schon lange, was Homosexualität ist. Ich denke und hoffe, es ihm so vermittelt zu haben, daß er an seine eigene Entwicklung offen und ohne Ängste herangehen kann. Bisher gab es aber kaum sexuelle Spiele mit Jungen, glaube ich. Das mag auch daran liegen, daß er einen viel freieren Umgang mit seinem Körper hat als seine Spielgefährten. Nackt zusammen baden oder mal nackt durch die Wohnung toben, scheint vielen von ihnen Schwierigkeiten zu machen. Mein Sohn findet es albern, wie manche Jungs sich schämen. Er nimmt Rücksicht drauf, paßt sich manchmal an, manchmal nicht.

Es ist, so finde ich wenigstens, ein Vorurteil, daß frei erzogene Kinder sich in der Öffentlichkeit nicht benehmen können. Ist dein Kind mit

seinem offenen Umgang mit seinem Körper in der Öffentlichkeit ange-
eckt? Was hast du da für Erlebnisse?

Das ist Quatsch. Die Offenheit von Kindern mit vielen Dingen dieser Welt ist doch okay, und unsere peinliche Berührtheit ist doch eher das Problem. Da fällt mir eine kleine Begebenheit ein. Mein Sohn konnte seine Vorhaut nicht richtig zurückziehen. Ich hatte ihm aber gesagt, daß das eines Tages von allein gehen würde. Wenn es weh täte, könnten wir dann ja zur Ärztin gehen. Nun waren wir eines Tages auf dem Spielplatz.

Es war Sommer, er war zwischen zwei oder drei Jahre alt, und er lief wie die anderen Kinder ausgezogen herum. Ich saß auf einer Bank und las. Plötzlich rief er ganz laut :« Beate, Beate, sie geht rüber.» Wir haben uns beide gefreut, aber umgesehen habe ich mich doch, ob nicht alle Leute zu uns herüberstarren.

Sexueller Mißbrauch von Kindern ist immer weniger ein Tabu-Thema. Zum Glück, finde ich. Sprichst du mit deinem Sohn über negative Erfahrungen, die Kinder heute machen können? Hat dein Sohn selbst so ein Erlebnis gehabt? Wie bist du damit umgegangen?

Ja, ich spreche mit meinem Sohn über dieses Problem. Das erste Mal haben wir darüber gesprochen, als er anfing, die ersten Wege allein zu machen, und das war schon vor der Schule.

Ich hatte in meiner Schulklasse einen Fall von sexuellem Mißbrauch, und der hat mich bei aller Sachlichkeit, die ich dazu in der Schule bewahren mußte, doch emotional sehr berührt. Und das hat mein Sohn natürlich zu Hause gemerkt. Da mußte ich Erklärungen abgeben, mit ihm darüber reden.

Ich bin eigentlich wenig ängstlich, daß meinem Sohn etwas passiert. Er weiß sehr viel über dieses Thema. Zum anderen haben wir bestimmte Verhaltensweisen besprochen. Da habe ich vor dem Straßenverkehr und einem Unfall viel mehr Angst.

Kinder bringen oft sexuelle Fragestellungen mit vom Spielplatz oder aus der Schule. Geht es bei euch auch so zu? Ist z. B. Aids ein Thema?

Aids haben wir wie andere Fragen, die aus den Medien kommen, eben auch angesprochen. Aber ein besonderes Thema ist es nicht.

Aber da sind zum Beispiel die sexuellen «Schimpfworte», die u. a. die

Schulkameraden ständig gebrauchen. Vielleicht hat er diese Worte auch schon gebraucht.

Ich habe den Eindruck, daß diese Worte für ihn nicht brauchbar sind. Einmal weiß er ja viel über die Bedeutung, die sich hinter diesen Worten verbirgt. Dann weiß er ja auch, daß diese Dinge, die in Schimpfworten negativ formuliert werden, eigentlich sehr viel Spaß machen können. Es ist etwas Schönes und Spannendes. Und dann, denke ich, hat er ja auch zu seinem Körper ein positives Verhältnis, und die Anmache kann ihn nicht treffen.

Ich habe als Lehrerin die Erfahrung gemacht, daß besonders die Kinder, bei denen viel tabuisiert wird, wo die Kinder unaufgeklärt sind, wo gar Sex als Schweinkram gesehen wird, dann, wenn sie wütend sind, am ehesten solche Schimpfworte gebrauchen.

Wollte dein Kind irgendwann mal sehen, wie du mit deinem Freund Liebe machst?

Ja, das hat er schon mal geäußert, aber nicht direkt als seinen eigenen Wunsch. Es entstand spontan als gemeinsame Idee.

Warst du überrascht? Wie hast du reagiert?

Ich habe eigentlich eher belustigt, ausweichend und damit auch ablehnend reagiert. Es war im Urlaub. Es war sehr heiß, und wir lagen alle drei nackt auf dem Bett. Und da hat mein Mann vorgeschlagen, «es» meinem Sohn doch mal zu zeigen. Die Sexualpraktik als solche haben wir ihm dann auch gezeigt. Mein Sohn war sehr interessiert und wollte alles ganz genau sehen. Er war in der Tat doch sehr überrascht, daß das überhaupt so geht, wie er es eigentlich vom Kopf her schon wußte. Er war sehr ernsthaft und wir eher belustigt.

In all den Büchern, die ich zum Thema Sexualerziehung von Kindern gelesen habe, die übrigens von Männern geschrieben werden, wird gesagt, selbst wenn das Kind aus sachlichem Interesse begehrt, den «Sexualakt» der Eltern zu sehen, sollte man es dem Kind verwehren, dafür gebe es genügend Bücher mit Bildern. Was meinst du? Was war dein Motiv es deinem Kind doch zu zeigen?

Ich vermute ja, weil diese Bücher von Männern geschrieben sind, daß sie befürchten, auf einmal «keinen mehr hochzukriegen».

Wie war das bei deinem Lebensgefährten?

Mein Mann hatte dem Jungen vorher gesagt, daß wir es probieren würden und nicht sicher sind, ob es überhaupt funktioniert. Denn schließlich war es für uns ja auch eine ungewöhnliche Situation, und schließlich tun wir es sonst spontan, aus Lust, und sind viel aufgeregter, und das haben wir ihm gesagt. Dann hat mein Freund einfach seinen Schwanz gerieben und irgendwie ging's.

Nun sage aber bitte mal wie dein Kind reagiert hat?

Wie gesagt, er war sehr ernsthaft dabei und als er dann alles genau gesehen hat, haben wir die Situation abgebrochen. Ich hatte das Gefühl, er schaut sich das an, wie er früher vor einem Betonmischer stehen geblieben ist. Einfach so, sachlich.

Wollte dein Sohn euch dann später noch mal zuschauen?

Nein, er hat das nie wieder verlangt und erwartet. Es war ja auch damals nicht seine Idee, sondern es war aus der Situation entstanden.

Wie reagiert er, wenn er euch heute beim «Liebemachen» überrascht?

Mein Sohn ist dann sehr rücksichtsvoll und schleicht sich mit 'nem kleinen «'tschuldigung» auf Zehenspitzen davon. Ich habe noch nie erlebt, daß er uns belauscht hat. Wozu auch?

Kinder sind neugierig. Durch Sehen und Erfahren lernen sie ebenfalls diese Welt kennen. Wenn das Kind mal zuschaut, wie die Bezugsperson auf dem Klo sitzt, wird das als ganz normal angesehen. Warum wird es dann nicht als normal angesehen, auch bei der Sexualität den Kindern ganz normal und sachlich den Vorgang zu erklären und zu zeigen? Hast du eine Erklärung für dich gefunden?

Ich denke, die Ursache sind Ängste der Erwachsenen, die auf ihrer eigenen, immer noch repressiven Sexualerziehung beruhen. Ursache sind auch eigene Schwierigkeiten im Umgang mit der Lust.

Ein Tabuthema ist die lustbetonte Zärtlichkeit zwischen Kindern und Eltern. Hast du dich nun all die Jahre hindurch «aufgeopfert», indem du als «große Mutter» sachlich betont versucht hast, deinem Kind zu helfen, ein richtiges, besseres offenes Verhältnis zu seiner eigenen Sexualität zu entwickeln?

Was hast du dabei empfunden für dich selbst? Wieweit hast du lustvolle Gefühle bei dir selbst zugelassen?

Also lustvolle Gefühle habe ich schon. Nur im Laufe der Jahre hat sich hier auch etwas geändert. Heute bin ich vielleicht etwas distanzierter. Wenn ich meinen Sohn als Kleinkind spontan, so wie mir gerade der Sinn danach stand, geknuddelt und gekuschelt habe, so bin ich jetzt etwas zurückhaltender. Ich denke, die Sexualität ist jetzt zunehmend sein Bereich. Wenn mich mein Sohn heute umarmt, dann geht das bei mir schon mehr in die Richtung, als wenn mich ein junger Mann umarmt. Es sind nicht mehr die Gefühle wie bei einem kleinen Kind, aber auch nicht leidenschaftlich wie bei meinem Mann.

Also ich habe nicht Scham und Scheu meinem Sohn gegenüber. Wenn wir kitzeln und rangeln, ist schon der ganze Körper beteiligt. Aber zum Beispiel Zungenküsse ausprobieren oder direktes Streicheln im Genitalbereich, das gibt es nicht mehr. Das hat sich in den letzten Jahren ohne Absprache oder Problematisieren einfach ganz natürlich so entwickelt.

Kapitel 5

Typisch Junge, typisch Mädchen?

Anfang 1989 wirft die Bundesfrauenministerin auf Plakaten die Frage auf: «Mann, bist Du stark genug für die Gleichberechtigung?» Ob das die meisten Männer als Zeichen von Stärke betrachten, wage ich zu bezweifeln. Dazu brauche ich morgens nur die Boulevardzeitung *Hamburger Morgenpost* aufzuschlagen und das «Mädchen auf Seite 4» zu sehen, das sich in angeblich raffinierten Dessous räkelt. Ich weiß, daß die männlichen Leser dieser Zeitung, von denen sich keiner in ein unbequemes Mieder zwingen und ablichten lassen würde, das gut finden. Ich selbst gehe auch nicht in «Sack und Asche». Die Männer, die sich dann nach mir umdrehen, werden sich aber eher fragen, ob dieses Wesen im Minirock «schwach» werden kann, als mich als starke Frau einschätzen. Das sind Alltagsbeobachtungen, die bestätigt werden durch die Ergebnisse etlicher Untersuchungen über alle Lebensbereiche (also nicht nur den Sex in der Werbung oder das Anquatschen auf der Straße). Sie machen deutlich, wie weit es in den Köpfen von Männern (und Frauen) noch zur Gleichberechtigung ist.

Die Männer von heute sind die kleinen Jungen von früher. Und umgekehrt. Die kleinen Jungen von heute sind die Männer von morgen.

Was können Eltern dazu beitragen, daß für ihre Kinder die Gleichberechtigung der Geschlechter eine Selbstverständlichkeit wird? Daß die Jungen Mädchen nicht für minderwertige Geschöpfe halten und die Mädchen selbstbewußt genug werden, sich gegen das «starke Geschlecht» durchzusetzen?

In unserem Umgang mit Kindern auch und gerade, was die Sexualität angeht, tragen wir immer noch dazu bei, die beiden Geschlechter auf bestimmte Rollen festzulegen. Als Mutter einer Tochter und eines Sohnes schließe ich mich dabei gar nicht aus.

Die Methoden sind hierzulande längst nicht so radikal und lebensgefährlich wie in anderen Ländern. In China z.B. werden heute noch Mädchen getötet, weil nur Jungen etwas zählen. In Indien, so die Aussage eines Arztes, «setzen Väter 18 Monate alte Töchter aus, nur weil sie deren Heirat nicht finanzieren können, junge Mädchen hängen sich an der Decke auf, um ihren Vätern die Schmach zu ersparen, (für die Mitgift) betteln gehen zu müssen, junge Bräute werden lebendigen Leibes verbrannt» (*Der Spiegel*, 3 /1989, S. 134/135). In beiden Ländern sind die Regierungen gegen diese «Bräuche» weitgehend machtlos.

Mädchen werden bei uns nicht mehr verbrannt. Auch der typisch deutsche Mann, der den «Stammhalter» vergöttert und die Geburt eines Mädchens für einen bedauerlichen Unfall oder gar Versagen der Mutter hält, stirbt wohl langsam aus. Aber bis Mädchen und Jungen tatsächlich gleiche Chancen und gleiche Rechte haben, ist noch viel zu tun.

Früher wurden den Kindern die Grundtatsachen der Fortpflanzung am Beispiel von Bienen und Blüten beigebracht. Die einen summen durch die Gegend und befördern den Samen zur Blüte, die anderen weichen nicht vom Fleck und warten auf das Bienchen. Und weil der Vergleich so schön war, wurde damit den Buben und Mädels auch gleich der Unterschied zwischen den Geschlechtern klargemacht. Die Jungen, das sind die Bienen, die Mädchen die Blumen. Und wenn ein Mädchen das nicht akzeptiert, bleibt es das Mauerblümchen. Solche «Rollenzuweisungen» gibt es in abgeschwächter Form auch heute.

Eine Befragung von Eltern über ihre Eindrücke zu ihrem neugeborenen Kind ergab in den siebziger Jahren: Eltern von Jungen betrachteten ihr Kind als stämmig, groß mit markanten Zügen. Bei den Mädchen hieß es dann eher, sie seien klein, schön, niedlich, süß und hätten feine Züge.

Tatsächlich schreiben die meisten Erwachsenen Jungen und Mädchen vielfach gegensätzliche Eigenschaften zu. Der Junge ist laut, tobt viel, spielt Fußball, ist unordentlich und unartig, Mädchen demgegenüber werden als leise eingestuft, mit Neigungen, sich zum ruhigen Spiel zurückzuziehen, sie sind ordentlich und folgsamer. Einige dieser Vorurteile lassen sich sogar durch wissenschaftliche Untersuchungen bestätigen. So wurde in den USA ermittelt, daß Mädchen im Alter von zwei bis fünf Jahren «eher bereit sind, Anweisungen zu befolgen». Untersuchungen, die sich bemühen, Unterschiede in Hinsicht auf Furcht oder Angst festzustellen, kommen zu dem Ergebnis, daß ab dem achten Lebensjahr diese bei Mädchen stärker ausgeprägt sind. Durchweg einig ist sich die Forschung darin, daß Jungen aggressiver sind (alle Angaben nach Carol Hagemann-White 1984).

Über die Ursachen dieser Unterschiede im Verhalten von Jungen und Mädchen werden heftige Debatten geführt. Vor zwanzig Jahren hätten die meisten Wissenschaftler noch erklärt, diese Verschiedenartigkeit sei sozusagen «angeboren». Heute überwiegt die Ansicht, daß die verschiedenen Verhaltensweisen von Jungen und Mädchen Ergebnis der Erziehung sind. Erziehung ist dabei nicht nur das direkte Eingehen auf das Kind, also das, was Eltern mit dem Kind spielen, wie sie es pflegen, was sie ihm, wenn es groß genug ist, erzählen. Erziehung ist auch das Vorbild der Erwachsenen, d.h. das Alltagsleben, an dem unsere Kinder teilnehmen.

Mit der Frage, wie diese geschlechtsspezifische Erziehung abläuft, befaßten sich in den siebziger Jahren Autorinnen aus der «neuen Frauenbewegung». Aus der Vielfalt ihrer Ergebnisse seien nur einige Punkte herausgegriffen. Mädchen z.B. werden kürzer gestillt als Jungen; sie müssen mit den Mahlzeiten früher fertig werden. Die sogenannte Sauberkeitserziehung, mit der ich mich schon an anderer Stelle kritisch beschäftigt habe, setzt früher ein (Brunet, Lezine, zit. bei Scheu 1987, S. 54/63). Eine italienische Autorin befaßte sich unter anderem mit den Unterschieden in der Austattung von Kinderzimmern: Die der Jungen sind nüchtern gehalten, haben keine oberflächlichen Bemalungen an den Vorhängen u.ä., während die Zimmer von Mädchen «in Krimskrams und Kitsch» ersticken (Belotti 1985, S. 19).

Ich möchte Sie dazu ermuntern, in den einzelnen Entwicklungsschritten Ihrer Kinder darauf zu achten, daß der Junge nicht zum typischen Jungen und das Mädchen nicht zum typischen Mädchen erzogen wird. Ich will gleich vorweg sagen, daß mir das auch nicht so

gelungen ist, wie ich es gern gewollt hätte. Hilfreich ist immer, sich mit anderen (Freunden, anderen Eltern) darüber zu unterhalten, Erfahrungen auszutauschen, sich gegenseitig zu korrigieren, ohne dabei den pädagogischen Oberlehrer oder die Oberlehrerin herauszukehren. Dabei kann es manchmal auch schmerzlich sein, von anderen unbequeme Wahrheiten über das eigene Kind zu hören. Mir z.B. hat meine feministische, kinderlose Freundin in diesen Punkten oft geholfen.

Rosa oder blau? Lieber bunt!

Während meiner ersten Schwangerschaft wurde ich oft gefragt:«Was wünschst du dir denn? Einen Jungen oder ein Mädchen?» Eigentlich wollte ich gern ein kleines Mädchen haben, aber um nicht zu sehr aufzufallen, antwortete ich meistens, daß ich sowohl über einen Jungen als auch über ein Mädchen glücklich wäre, Hauptsache, das Kind sei gesund. «Und dein Lebensgefährte, der würde sich doch sicher mehr über einen Stammhalter freuen?», hieß es dann, worauf ich entgegnete, er würde sich auch über ein kleines Mädchen freuen. Es wurde auch eins. Als es geboren wurde, war mir dann die Frage Junge oder Mädchen ganz egal.

Die Medizin kann heute durch Fruchtwasseruntersuchungen in der 16. bis 18. Woche der Schwangerschaft («Amniozentese») bzw. durch die Entnahme von Gewebe aus der Plazenta in der 10. bis 11. Woche («Chorionzottenbiopsie») Erkenntnisse über den Embryo im Mutterleib bekommen. Diese Untersuchungen werden vielfach als besonderer Segen herausgestellt, weil bestimmte Mißbildungen oder Behinderungen des Ungeborenen erkannt werden können, z.B. das «Down-Syndrom», allgemein besser bekannt als Mongolismus. Frauen können sich dann entscheiden, ob sie nach einem ungünstigen Befund einen legalen Schwangerschaftsabbruch vornehmen wollen. Darüber gibt es eine heftige Diskussion. Manche Kritiker ziehen Parallelen zum «Euthanasieprogramm» der Nazis, die zwischen 1938 und 1945 Tausende behinderter Menschen als «unwertes Leben» umbrachten.

Diese Untersuchungen erlauben jedoch auch, oft als «Nebeneffekt» abgetan, das Geschlecht des Kindes zu ermitteln. In der Bundesrepublik werden Frauen im allgemeinen vor dem Eingriff gefragt, ob sie das

auch schon wissen wollen. Aus den USA, wo diese Methoden zuerst angewandt wurden, gibt es Berichte, daß gesunde weibliche Embryos eher Gefahr laufen, abgetrieben zu werden als männliche. In Indien soll die Fruchtwasseruntersuchung nahezu ausschließlich zur Geschlechtsermittlung und anschließenden Abtreibung weiblicher Embryos genutzt werden (*Der Spiegel*, Heft 3/1989, S. 134).

Keiner Frau macht eine Abtreibung Spaß. Das Erlebnis Schwangerschaft ist gleich schön und anstrengend, unabhängig vom Geschlecht des Kindes, das sich entwickelt, auch wenn die Großmutter aus meinem Heißhunger auf bestimmte Nahrungsmittel beim ersten Kind den (falschen) Schluß zog, es werde wohl ein Junge. Wenn wir dann einen Fruchtwassertest machen lassen, sollten wir uns freuen über das Ergebnis, daß wir ein (voraussichtlich) gesundes Mädchen oder einen gesunden Jungen zur Welt bringen werden. Oder uns überraschen lassen, es kann Müttern nicht aufgezwungen werden, das Geschlecht vor der Geburt zu erfahren.

Der «Kampf der Geschlechter» wird seit langer Zeit zunächst über die Kleidung ausgetragen. Daß Mädchen Strampelanzüge in Rosa zu tragen haben und Jungen die in Blau, ist noch längst nicht aus allen Köpfen verschwunden. Als meine Tochter 1979 geboren wurde, gab es im Krankenhaus Strampelhosen, die offenkundig von der Firma Procter & Gamble gespendet worden waren – der Namenszug «Pampers» war unübersehbar draufgesteckt. Es gab die beiden Farben zur Auswahl. Ich zog meiner Tochter eine blaue an, und sie sah süß aus.

Insgesamt ist es mir nicht sonderlich schwergefallen, den rosa und blauen Kleidungsstücken auszuweichen. Es gibt so viele hübsche bunte Sachen, die kind anziehen kann. Und meine Tochter lief natürlich nicht nur wie ich noch als Kind in Röcken herum, sondern viel lieber in Hosen. Furore im Kindergarten machten die Cowboystiefel, die ich ihr als Vierjähriger schenkte, obwohl sie eigentlich viel zu teuer waren.

Meine feministische Freundin meinte dann trotzdem, daß der «kleine Unterschied» sogar in der Kleidung geblieben sei, und erschreckte mich mit der Frage: «Ist ja schön und gut, daß deine Tochter in blauen Strampelhosen gekrabbelt ist, Jeans und Stiefel trägt. Aber: Warum hast du deinem Sohn denn kein rosa Höschen angezogen? Und im Kleidchen oder Röckchen habe ich ihn auch noch nicht gesehen.» Ich weiß nicht, warum es so war. Vielleicht empfand ich es tatsächlich als unter seiner Würde, ausgerechnet so herumzulaufen, wie es Mädchen

zugewiesen wird. Oder ich hatte mich – das sagte ich mir zur eigenen Beruhigung – so von der geschlechtsspezifischen «Kleiderordnung» entfernt, daß es nicht mehr nötig war, ihn aus Protest auch einmal rosa anzuziehen.

Warum befasse ich mich überhaupt mit dieser Frage? Weil ich möchte, daß wir Erwachsenen uns in möglichst vielen Fragen verabschieden von der Festlegung, was ein Mädchen oder Junge zu tragen, zu tun und zu lassen hat.

Knutschen, Toben, Kuscheln

In der Babyinitiative, die meine Tochter und später mein Sohn besuchte, fiel es niemandem ein, zu einem weinenden Jungen, «Heulsuse» zu sagen. Wir wollten doch auch Jungen zu empfindsamen Menschen erziehen. Empfindsam heißt dabei weniger «empfindlich», sondern eher empfindungsreich: Beide Geschlechter sollten die volle Spanne menschlicher Emotionen von der Trauer bis zum Jubel er- und ausleben können. Weinen, kuscheln, schmusen, trösten und getröstet werden, das sollten auch die Jungen können. Darüber waren wir uns auf den Elternabenden einig. Alle Eltern bemühten sich um häufigen und engen Körperkontakt zu ihren Kindern, desgleichen die beiden Bezugspersonen (Erzieher und Erzieherin) in der Gruppe.

Mehr beiläufig lobte ich mich und die anderen vor meiner feministischen Freundin, die aber einiges ganz anders sah: «Mag ja sein, daß ihr das alles diskutiert habt und daß es euch auch im Kopf klar ist. Aber wie sieht es in der Praxis aus? Tatsächlich wird viel mit den Kindern getobt und gespielt. Aber die richtig wilden Sachen werden doch eher mit den Söhnen gemacht. Euer Sohn z.B. wird viel häufiger in die Luft geworfen und dann quietschend vor Vergnügen wieder aufgefangen. Hingegen mit eurer Tochter ist es immer kuscheliger und behutsamer zugegangen.

Außerdem: Wenn getobt wird, dann toben viel öfter die Väter mit den kleinen (Jungen) auf dem Fußboden herum. Ganz anders sieht es beim Trösten aus. Dein Typ tröstet zwar auch, aber wenn es richtig schlimm ist, wenn ein richtiges Unglück passiert ist, werden doch die Kinder von dir auf den Arm genommen. Und ich möchte Mäuschen

spielen bei euch im Kinderladen. Da ist die Rollenaufteilung bei den männlichen und weiblichen Erziehern genauso.»

Schließlich das Baden: Mit viel größerer Freude hätte ich beim Babybaden den kleinen Pimmel gewaschen, ihn mit Wasser naßgespritzt und meinen Sohn so zum Lachen gebracht. Bei meiner Tochter sei das viel sachbezogener zugegangen.

Sollte ich tatsächlich meine Tochter so früh und natürlich völlig unbewußt anders erzogen haben als den Jungen und gar ihre Sexualität weniger beachtet haben? Oder übertrieb meine Freundin, weil sie ein Haar in der Suppe meiner nicht-geschlechtsspezifischen Erziehung entdecken wollte?

Ihre Beobachtungen verunsicherten mich, und ich sprach das Thema noch einmal mit den anderen Eltern an. Wir beschlossen, in den kommenden Wochen einfach selber einmal darauf zu achten, wie wir mit den Kindern umgehen. Dabei stellten wir eine Art Prüfliste auf:

1. Wer wickelt das Kind häufiger, Vater oder Mutter, weibliche oder männliche Bezugsperson?

2. Wer badet und wäscht es?

3. Laufen Mädchen und Jungen gleich viel nackt herum, oder lassen wir lieber unsere Jungen länger den kleinen Pimmel in die Luft hängen?

4. Wer tobt häufiger mit den Kindern? Wird mit Jungen heftiger getobt als mit Mädchen?

5. Wer ist für das Trösten zuständig, wer kuschelt und schmust mit den Kindern?

6. Wie ist es beim Verhalten der Kinder untereinander? Werden auch Jungen angehalten, andere Kinder zu trösten. Reagieren wir unterschiedlich auf Weinen und Traurigsein?

7. Was führen wir den Kindern zu Hause vor? Z.B.: Wer macht das Essen, deckt den Tisch, räumt auf? Wie ist die Hausarbeit zwischen Mann und Frau verteilt? Was erwarten wir von den Kindern als «Anteil» an der Hausarbeit? Gibt es dort geschlechtsspezifische Unterschiede?

8. Führen wir unseren Kindern in anderen Bereichen typisch weibliches oder typisch männliches Verhalten vor?

Die Ergebnisse unserer Beobachtungen gaben meiner Freundin zum

Teil recht. Tatsächlich wurde mehr mit den Jungen getobt, und es waren die Väter, die die wilderen Spiele organisierten. Wenn es dann einen blauen Fleck gab, waren die Mütter mehr gefragt. Dem kleinen Pimmel wurde beim Baden oder Wickeln mehr Aufmerksamkeit zugewandt. Nackt herum liefen allerdings beide Geschlechter gleich viel. Vielleicht gehen Sie auch einmal nach dieser «Prüfliste» bei sich und Ihrer Elterngruppe vor. Uns hat sie jedenfalls geholfen, um uns selbst (den Partner und die Kinder) zu beobachten und das eine oder andere tatsächlich zu ändern.

Spielzeug und Bücher

Kinder brauchen nicht nur Kleidung, Körperkontakt, Tobespiele, sehr schnell wird auch Spielzeug und dann etwas später das Bilderbuch für sie wichtig. Zu diesem Bereich gibt es immer noch ein auf vermeintliche Geschlechtsunterschiede zugeschnittenes Angebot. Als Mädchen haben wir selbst mit Puppen gespielt, die Jungen mit dem Auto. Und auch heute bietet die Spielzeugindustrie gezielt etwas für Mädchen und Jungen an und trägt damit natürlich zur geschlechtsspezifischen Erziehung bei. Auch auf dem Büchermarkt gibt es nur leichte Tendenzen zur Besserung.

Das Spielzeug ist moderner geworden, die Technik hat an Boden gewonnen; die Puppen sind beweglicher und haben z.B. einen nachfüllbaren Tränensack. Angeboten werden für die Mädchen nach wie vor Puppen, Puppenstuben, Haushaltsspielzeug wie Geschirr u.ä. Auffällig ist dabei der Trend zur Modepuppe, für «Barbie» gibt es alle möglichen Klamotten vom Badeanzug bis zum Glitzerkleid der Discoqueen.

Für Jungen gibt es immer neue Technik und kriegerische Helden. Auch das neuerdings angebotene Spielzeug für beide Geschlechter ist auch nur auf den ersten Blick neutral. Lego sieht in seinen Bausteinserien die Wolkenkratzer oder Belagerungstürme für die Jungen und die Serien mit Zimmereinrichtungen und anderem Häuslichen für Mädchen vor. Playmobil hält fürs weibliche Geschlecht das Krankenhaus, für die Jungen die Tankstelle bereit. Fisher-Price, um ein letztes Beispiel zu nennen, bietet zwar für Kleinstkinder «Aktivitätsspiel-

zeug» an, das für Jungen und Mädchen gleichermaßen interessant ist: Für die dann folgende Altersgruppe wird aber in den Katalogabbildungen dem Mädchen ein Spielzeugstaubsauger und dem Jungen die Mähmaschine in die Hand gedrückt.

Wie können wir mit diesem Spielzeugangebot umgehen? Sicher, Sie können Ihrer Tochter auch und vielleicht sogar zuerst das mitbringen, was eigentlich für die Jungen gedacht ist, und umgekehrt. Auch Söhne spielen mit Puppen und schieben kleine Kinderwagen. Aber da sind dann bald die Anregungen durch die Werbung, durch andere Kinder. Und die Tochter will nun unbedingt eine Barbie-Puppe, der Sohn den «He-man». Mit der ehrlichen Antwort: Ich finde die Masters blöd! oder: Ich will nicht, daß du mit Puppen spielst! kommen wir da nicht weit. Ich habe im Zweifelsfall nachgegeben (wobei das Spielzeugkaufen sowieso seine Grenzen durch den Geldbeutel gesetzt bekommt) und versucht, meiner Tochter auch noch anderes Spielzeug anzubieten. Mit drei oder vier Jahren habe ich mich dann auch über ihre Wünsche und die Vorzüge und Nachteile des Spielzeugs unterhalten.

Häufig erreichen wir nämlich den gegenteiligen Effekt: Denn was verboten ist, ist gerade interessant. Auch den Einfluß der Umgebung, vor allem den anderer Kinder, dürfen wir nicht unterschätzen. Und wir sollten bedenken: Es kann für ein Kind schwer sein, sich gegen alle anderen verhalten zu müssen, weil die Eltern Prinzipien haben.

Der «kleine Unterschied» ist auch im Kinder- und Bilderbuch nicht zu übersehen. Dabei braucht man gar nicht auf die speziellen Mädchen- und Jungenbücher einzugehen. Gerade das Angebot für beide Geschlechter enthält eindeutige Rollenzuweisungen, die uns auf den ersten Blick wahrscheinlich gar nicht auffallen. Ende der sechziger Jahre bereits hat Malte Dahrendorf «Das Mädchenbuch und seine Leserin» analysiert; jüngeren Datums ist eine Untersuchung von Astrid Mathiae, des weiteren gibt es dazu einige interessante Broschüren des Arbeitskreises «Roter Elefant» (Adresse im Anhang), in dem Kinderbuchautoren, Bibliothekare und andere an Büchern interessierte Menschen zusammengeschlossen sind. Die Untersuchungen kommen vor allem zu zwei Ergebnissen: Frauen, Mädchen, weibliche Personen, weiblich personifizierte Tiere sind in westdeutschen Bilderbüchern unterrepräsentiert.

Und: Männer handeln, Frauen kommen vor. Wenn Frauen (weibliche Wesen) tatsächlich vorkommen, dann treten sie meistens klischeehaft auf.

1980 wurden in der Schweiz unter 1200 Bilderbüchern die nichtsexistischen ausgesucht. Ganze 53 konnten dem Kriterium standhalten, ihre kleinen Leserinnen und Leser nicht auf alte Rollenvorstellungen festzulegen.

Wir haben uns die Mühe gemacht und das (auch bei uns) sehr beliebte «Riesenbilderbuch» von Ali Mitgutsch unter diesen Gesichtspunkten durchgesehen. Das auch für uns überraschende Ergebnis: Die zum Teil fortschrittlichen Themen und Einzelszenen der Bilder werden von berufstätigen und aktiven Männern dominiert. Die wenigen Frauen entsprechen den üblichen Klischees passiv, Wäsche waschend, Kinder hütend, schwatzend.

So sieht es, die bereits genannten Untersuchungen bestätigen das, auch in anderen Bilderbüchern aus. Die Frauenbewegung und die offizielen Bestrebungen zur Durchsetzung der Gleichberechtigung scheinen an dieser Literatur weitgehend spurlos vorbeigegangen zu sein. Immer noch hat der Junge vielfältige Möglichkeiten, sich wiederzufinden. Sein Leben ist aktiv, macht Spaß, ist Abenteuer. Wie langweilig stellt sich dagegen das Leben der Mädchen und Frauen dar. Mädchen sollen sich mit dem abfinden, was ihnen zur Identifikation angeboten wird, mit diesem eingeengten Leben, um desto besser die ihnen zugeschriebenen Aufgaben auszufüllen. Oder sie reagieren so, wie es einige Mütter aus ihrer Kindheit berichten: Mädchen möchten lieber ein Junge sein! Und nun steht sie da als «Junge ohne Pimmel». Was bleibt, ist halt wiederum das «typische Frauengefühl» der Minderwertigkeit und der Unvollkommenheit.

Wie nenne ich den «kleinen Unterschied»?

Die Kritiken meiner Freundin hatten mich nachdenklich gemacht. Da setzte sie noch einen drauf mit der Frage:«Wie bezeichnest du eigentlich die Geschlechtsteile deiner Kinder, wenn du mit ihnen sprichst? Du sagst zu ihnen: D,as ist das Händchen, das das Beinchen, Näschen oder der Poschi. Aber wie ist es denn mit den Geschlechtsorganen?»

Daß es schwer ist, sexuellen Dingen Namen zu geben, habe ich schon geschrieben. Für den «kleinen Unterschied» hatte ich etliche

Bezeichnungen gefunden. Bei meinem Sohn hieß er: Schwänzchen oder Schwänzlein, Däumeling, Lumpichen, Männchen, Pimmelchen, Pimmellein, Pillermännchen, Pischimann... Und bei der Tochter: Möse, Muschi, Scheide, Löchlein, Ritze.

Scheide fand meine Freundin blöd. Das klingt nach Krieg: Schwert und Scheide und danach, daß das Schwert des Mannes da reingehört. Ich fand, frau könne es auch anders verstehen: Wenn das Schwert in der Scheide verschwindet, kann mann es nicht zu kriegerischen Zwekken gebrauchen. Make love not war, wie es früher bei den Hippies hieß. Wir wurden uns nicht einig. Diese Frage wollte ich unbedingt auf einem der nächsten Elternabende diskutieren. Dort gab es die unterschiedlichsten Meinungen. Eine Mutter fand Pimmelchen und diese ganzen Verniedlichungen schrecklich; sie würde lieber ganz sachliche Bezeichnungen für die Geschlechtsteile, also «Glied» und «Scheide», wählen. Das veranlaßte eine andere Mutter zum gleichen Protest wie meine feministische Freundin: Scheide erinnere sie an Reinstecken und Schwert, also an was Gewalttätiges. «Möse ist bei uns zu Hause Umgangssprache geworden, hingegen bei ‹Fotze› ist bei uns Schluß, das empfinde ich als frauenfeindlich», meinte ein anderer Vater.

Wir konnten schließlich die Sache drehen und wenden, wie wir wollten. Dem einen behagten mehr sachliche Worte, die andere wollte mehr leichte, liebevolle und beschwingte. Offensichtlich muß jede Frau, jeder Mann für sich selbst herausfinden, welche Worte den besseren Klang haben, sagten wir uns schließlich.

Neue Väter braucht das Land

Wenn ich mich hier ausspreche dafür, Kindern Gleichberechtigung der Geschlechter vorzuleben, eine gleichgewichtige Verteilung der Aufgaben in der Kindererziehung zwischen Frau und Mann fordere, mag eingewandt werden, daß das an der Realität vieler Familien vorbeigeht.

Es gibt sehr viele Kinder, die nicht mit ihrem Vater zusammenleben. Jährlich werden in der Bundesrepublik immerhin mehr als 60.000 Kinder nichtehelich geboren; über 8 % aller Kinder leben mit einer ledigen, geschiedenen oder getrennt von ihrem Ehemann lebenden

Mutter zusammen (nur knapp 2 % aller Kinder haben «alleinerziehende» Väter, auch das ist ein Beleg dafür, daß Männer noch nicht «stark» genug für die Gleichberechtigung sind). Und die Kindergärten, in denen intensiv über geschlechtsspezifische Erziehung diskutiert wird und in denen gar Männer Kleinst- und Kleinkinder erziehen, sind auch nicht an jeder Straßenecke zu finden.

Schließlich geht in den meisten Familien mit Kindern der Vater einer Berufstätigkeit nach, während es noch immer viele Frauen gibt, die aus welchen Gründen auch immer bei den Kindern zu Hause bleiben oder bleiben müssen, weil es an Betreuungsmöglichkeiten fehlt. Männer verdienen eben mehr, und der Mann, der sein Kind betreut, während die Mutter arbeiten geht, wird als «Hausmann» immer noch mitleidig belächelt. 1986 waren nur knapp vier von zehn Frauen mit Kindern unter sechs Jahren in der Bundesrepublik berufstätig (Statistisches Jahrbuch 1988, S. 104), allerdings nimmt ihr Anteil langsam, aber stetig zu.

In solchen Fällen fällt es sicher schwer, den Vater gleichgewichtig in den Umgang mit dem Kind einzubeziehen oder gar in der Hausarbeit «Gleichberechtigung» vorzuleben. Das kann aber kein Grund sein, es so zu halten wie die eigenen Eltern oder Großeltern, wo dem «Familienoberhaupt» das Kleinkind nur für das Familienfoto geschniegelt und geputzt auf den Schoß gesetzt wurde.

Mütter sollten trotz widriger äußerer Umstände die Väter fordern. Nach einer gewissen Ruhepause ist jeder Mann ohne ausführliche Gebrauchsanweisung in der Lage, sein Kind zu wickeln, mit ihm zu baden. Und die Väter sollen es sich abgewöhnen, abends nur das «Tobemonster» für die wilden Spiele mit dem Sohn abzugeben oder mit dem zukünftigen Fußballstar Bälle durch die Wohnung zu kicken. Sie können den Kleinen auch ganz kuschelig und gar nicht wild ins Bett bringen. Die Liste der Möglichkeiten ließe sich verlängern. Auch das Argument, mann habe einen schweren Arbeitstag hinter sich, kann frau entkräften. Es spricht sich herum, daß Kinderbetreuung und Hausarbeit ebenfalls anstrengend sind.

Stolz auf die Weiblichkeit?

Ist der kleine Unterschied nicht irgendwie auch reizvoll? Muß frau sich denn wirklich bemühen, ihn einzuebnen?

Die Ansicht, zahlreiche Unterschiede zwischen den Geschlechtern, z.B. im Gefühlsverhalten, in den Interessen, seien angeboren, ist in den letzten zwei Jahrzehnten erschüttert worden. Was angeboren bleibt, ist der biologische Unterschied. Männer können keine Kinder bekommen; ein Blick auf sportliche Höchstleistung zeigt, daß sie etwas schneller und kräftiger sein können; dafür ist ihre Lebenserwartung dann aber auch geringer.

Die meisten Unterschiede zwischen den Geschlechtern sind Ergebnis von Erziehung und gesellschaftlichen Einflüssen. Als die Großmutter unserer Tochter vor sechzig Jahren eine höhere Schule besuchen wollte, wurde es ihr verwehrt, weil sie eben «nur» ein Mädchen war. Heute besuchen Mädchen diese Schulen. Aber bei der Berufsausbildung zeigen sich dann typisch weibliche und typisch männliche Wege. An der Universität Hamburg z.B. waren 1987 knapp 70 % der Studenten im Fach Erziehungswissenschaft Frauen, im Fach Psychologie lag der Frauenanteil bei etwa 58 %. Ganz anders sieht es in Bereichen wie der Physik, der Informatik oder Mathematik aus mit Frauenanteilen von 9, 14 bzw. 23 % (berechnet nach dem Vorlesungsverzeichnis der Uni Hamburg, Sommersemester 1988). Ein anderes Beispiel: In der Bundesrepublik arbeiten etwa 136000 Menschen als Erzieher(innen) oder Kinderpfleger(innen), davon waren nur etwas mehr als 7000 Männer (Statistisches Jahrbuch 1988, S. 413).

An solchen Beispielen wird deutlich, daß trotz verbesserter Bildungschancen eben doch die Frauen in den Berufen landen, die das «Gefühl» oder die Fürsorglichkeit ansprechen, und die Männer in denen, die eher dem «Kopf» zugeordnet werden, obwohl in diesen Bereichen vielfach Dinge herauskommen, bei denen man sich nur an den Kopf fassen kann. Es waren immerhin männliche Physiker, die die Atombombe entwickelten.

Es geht mir darum, daß durch die Erziehung nicht immer wieder Mädchen zu «typischen Mädchen» erzogen werden und entsprechend die Jungen nicht zu «typischen Jungs». Ich will allerdings auch nicht, daß mein Mädchen ein Junge wird und mein Sohn umgekehrt nur typisch «Weibliches» an den Tag legt, also die Rollen einfach umgedreht werden.

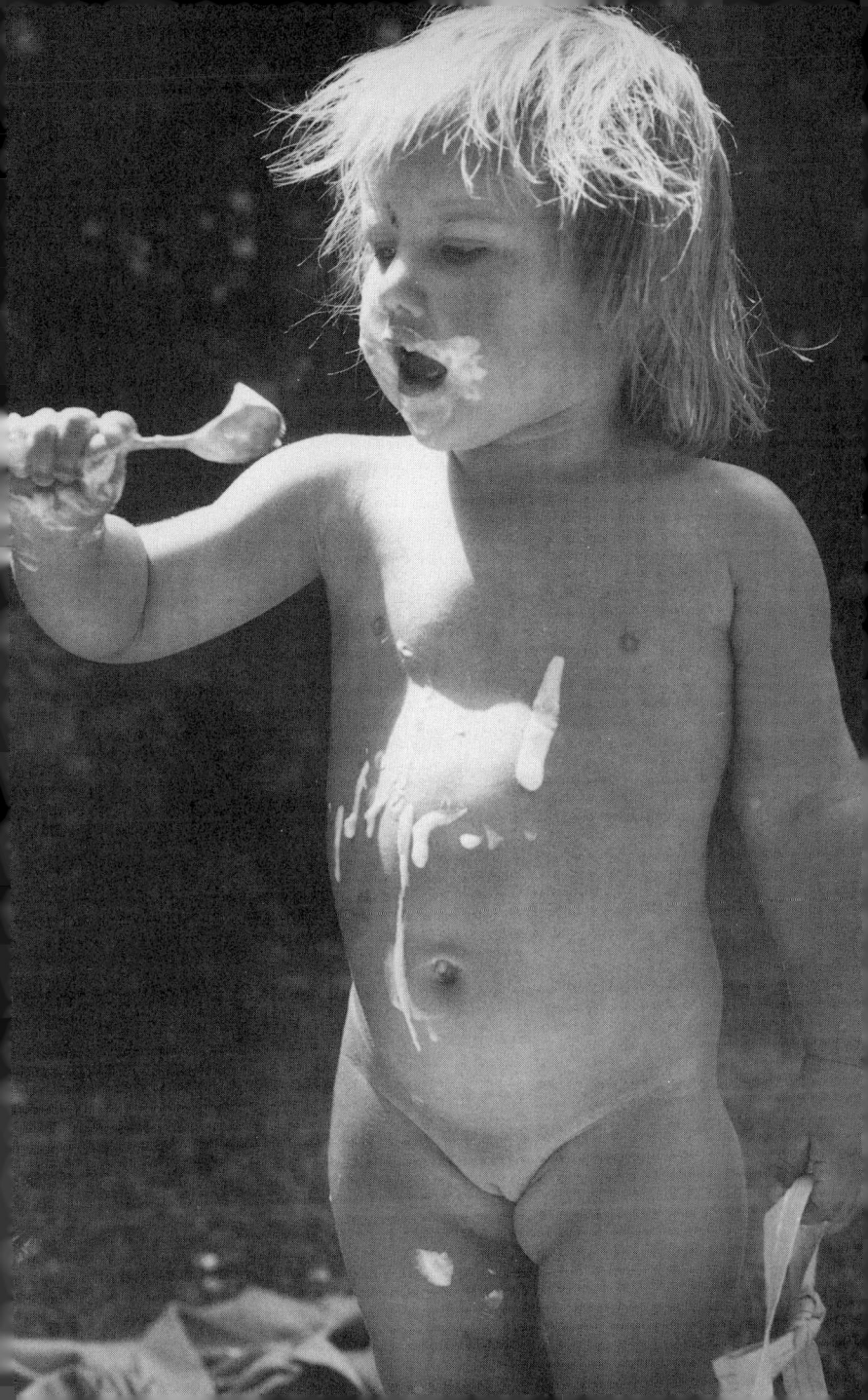

In den letzten Jahren gab es häufiger in Teilen der Frauenbewegung Stimmen, die einen neuen «Stolz auf die Weiblichkeit» fordern. Frauen, so diese Position, sollten angeblich weibliche Eigenschaften wie Friedfertigkeit, Fürsorglichkeit, Wärme mit Selbstbewußtsein betrachten und sich selbst sozusagen als das bessere Geschlecht gegenüber den rabiaten, aggressiven Männern sehen. Also müßte frau in der Erziehung gerade darauf achten, das «gute» Weibliche bei der Tochter zu fördern. Was aber, wenn die so geförderte Tochter später gar nicht selbstbewußt über ihre weiblichen Stärken ist, sondern diese wie bei den meisten Frauen heute gegen sie gewandt werden, die Jungen von heute sich auch als die Männer von morgen gegen sie durchsetzen? Solange patriarchalische Strukturen in der gesamten Gesellschaft nicht aufgebrochen worden sind, werden wir Frauen mit der reinen Weiblichkeit auch nicht weiterkommen.

Genausowenig anfreunden konnte ich mich allerdings mit einigen Vorstellungen meiner feministischen Freundin, die mir in bezug auf meinen Sohn vorschlug, ihn betont «weiblich» zu erziehen. Etwas ändern kann sich nur, so ihr Standpunkt, wenn Mütter in der Erziehung ihrer Söhne diese spüren lassen, daß Männer, von wenigen notwendigen Funktionen abgesehen, ein Betriebsunfall der Natur sind. Wäre es nach ihr gegangen, hätte ich den Kleinen den ganzen Tag mit Hausarbeit beschäftigt, von jedem technischen Spielzeug ferngehalten usw. Nur: Was kann mein kleiner Sohn dafür, daß über Jahrtausende die Männer die Frauen an den Rand gedrückt haben? Warum soll er das ausbaden?

In der Erziehung ist es ja häufig so, daß das Ergebnis nicht ganz so aussieht, wie wir es uns vorgestellt haben. Mein Vorsatz als Frau, die sich nicht als Angehörige eines «schwachen» Geschlechtes versteht, war es, die Mädchen in meiner Kindergruppe auch zu emanzipierten Frauen zu erziehen.

Meine Kolleginnen und ich haben den Mädchen geraten, sich praktisch und nicht unbedingt typisch weiblich anzuziehen. Wir haben uns immer wieder bemüht, mit ihnen zu toben, wild zu sein und Fußball zu spielen. Sie sollten nicht die typischen Mädchenarbeiten erledigen, auch wenn sie natürlich aufräumen und den Tisch abräumen mußten genauso wie die Jungen. Wir haben versucht, ihr Interesse auch an technischem Spielzeug zu wecken. So manches Mädchen spielte gern mit der Eisenbahn und entwickelte Geschick im Umgang mit Experimentierkästen. Bei den Büchern hatten wir angesichts des

beschriebenen mageren Angebots unsere Schwierigkeiten; aber immerhin identifizierten sie sich mit den wenigen starken Mädchen wie Pippi Langstrumpf oder der Roten Zora.

Daneben haben wir versucht, den Mädchen ein Selbstbewußtsein für ihren Körper zu vermitteln. Oft haben wir Frauen uns das selbst mit viel Schwierigkeiten erwerben müssen. Deshalb haben wir ihnen genau erklärt, wie ihr Körper funktioniert, und sie z.B ermuntert, sich ihre Geschlechtsorgane mit dem Spiegel anzuschauen. Wenn sie aus der Schule kommen, verschweigen sie nicht schamhaft, wenn ein Mitschüler sie in die Schamlippen gekniffen hat, sondern beschweren sich lauthals darüber und berichten von so macher Rauferei, die die Mädchen gegen die Jungen durchfechten.

Trotzdem denke ich manchmal, daß sie noch zu einer Frauengeneration gehören werden, für die die Gleichberechtigung immer noch auf dem Papier steht, die im Grund Selbstverständliches gegen eine noch von Männern dominierte Umwelt durchsetzen müssen.

Kapitel 6

Sexualität ist nicht unaussprechlich

«Love is just a four-letter-word», dieser etwa 20 Jahre alte Spruch aus den USA heißt ins Deutsche sinngemäß übersetzt: Liebe ist auch nur ein Vier-Buchstaben-Wort. Englische Wörter sind im allgemeinen etwas kürzer als deutsche. «Ficken» heißt dort «fuck», «Scheiße» heißt «shit»; viele sogenannte obszöne Wörter haben vier Buchstaben. Der Hinweis, Liebe sei auch nur ein «Four-letter-word», soll auffordern, diese Worte nicht mehr hinter vorgehaltener Hand zu gebrauchen.

Sicher kennen Sie solche oder ähnliche Szenen: Sie sind mit Ihren Kindern bei den Schwiegereltern zum Geburtstagskaffee eingeladen. Mit Verwandten sitzen Sie auf der Terrasse um den reichhaltigen Kaffeetisch. Es gibt das erste Mal in diesem Jahr frische Erdbeeren. Sie hatten Ihre Kinder gebeten, sich ein bißchen zivilisiert zu benehmen. Immerhin seien Tanten und Onkels da, die zwar stundenlang vor dem Fernseher sitzen, sich die Tennismeisterschaften ansehen und sich dabei über jedes laute und noch so eintönige Ping-Pong freuen, jedoch den Lärm von Kindern nicht allzu gut vertragen können.

Es geht auch alles ganz gesittet zu. Bis eben beim Kaffeetrinken plötzlich Ihr siebenjähriger Sohn laut ausruft: «Oh, kommt schnell, es gibt frische Erdbeeren, das ist ja superaffengeil!» Und Ihre kleine Tochter entgegnet:«I, Scheiße, Schlagsahne mag ich doch aber nicht».

«Geil» hat in diesem Fall überhaupt nichts mit Sexualität zu tun; es ist bei unseren Kindern ein Begriff der Umgangssprache, der alte Ausdrücke wie «schön», «gut» verdrängt. Und Erwachsene, die ihrem Ärger nicht auch einmal mit dem Fluch: «Scheiße» Luft gemacht haben, gibt es sicherlich wenige. Tante Frieda bekam trotzdem einen ganz schönen Schock über die «obszöne» Wortwahl der Kinder.

Im Bereich der Sexualität ist die deutsche Sprache nicht besonders reich mit «seriösen» Bezeichnungen gesegnet. Der «Duden» unterscheidet fein säuberlich zwischen seriösen, umgangssprachlichen und derben Ausdrücken. Das korrekte Wort für den Geschlechtsverkehr ist für ihn «Koitus» oder «Geschlechtsakt», in dieser Form Liebe zu machen, möchte er als «koitieren» bezeichnet wissen. Als «derbe» Ausdrücke zumindest noch aufgenommen sind «ficken», «bumsen», «pimpern» und «vögeln». Der anständige Ausdruck für das weibliche Geschlechtsteil heißt für ihn «Vulva», «Vagina» oder «Scham». Als «derber» Ausdruck werden noch «Möse» und «Fotze» erwähnt, und unter «Muschi» heißt es dann noch zur Erklärung: «Kindersprache für: Katze; salopp für: Vulva». Immerhin. Das männliche Geschlechtsteil heißt im Duden natürlich «Penis» oder «Glied», als «umgangssprachlich» wird «Pimmel» erwähnt. Unter dem Stichwort «Schwanz» fehlt jeder Hinweis darauf, daß das auch ein «derber» oder «umgangssprachlicher» Ausdruck dafür ist. «Analerotik» taucht noch als Stichwort auf mit der Erklärung, es handele sich um «frühkindliches sexuelles Lustempfinden im Bereich des Afters»; «Analverkehr» als erwachsene Sexualpraktik fehlt dann aber schon, nach der «derben» Fassung dieses Begriffs braucht man dann gar nicht mehr zu suchen.

Ginge es nach dem «Duden», würden wir also sexuelle Vorgänge vorzugsweise mit lateinischen oder medizinischen Begriffen belegen, z.B. unseren Partner fragen, ob er denn nicht Lust hat, zu koitieren oder den Geschlechtsakt zu vollziehen. Im weiteren Verlauf könnte frau dann mann bitten, ihr die Vulva zu küssen oder den Penis in die Vagina einzuführen bzw. das Glied in die Scheide.

Durch die in unserer Kultur und Gesellschaft lange vorherrschende Verdrängung der Sexualität sind zwei Sprachen entstanden. Zum einen eine «Hochsprache» der klinisch reinen Ausdrücke, die allerdings kein Mensch benutzt. Und zum zweiten die «Untergrund-Sprache», die der «Duden» als «umgangssprachlich» oder gar «derb» bezeichnet oder einfach ignoriert.

Ernest Borneman hat vor längerer Zeit eine Zusammenstellung der

Bezeichnungen dieser Untergrund-Sprache unter dem Titel «Sex im Volksmund» veröffentlicht. Für die «Scheide» z.B. präsentiert er weit über 100 Bezeichnungen, aus denen ich hier eine kleine Auswahl präsentieren will:

«Acker, Bahnhof, Balalaika, Bimsladen, Bimsrutsche, Blümchen, Bohrloch, Brunsterl, Büchse, Bumsetui, Butte, Dattel, Dose, Einfahrt, Entschleimer, Etui, Falle, Falte, Faß, Feige, Fickgrube, Fickritze, Fiedel, Fischbüchse, Fleischtopf, Fose, Fotze, Fud, Fummel, Funzel, Furche, Fut, Futteral, Geige, Glemse, Glitsche, Glunse, Graben, Grube, gute Stube, Harfe, Harmonika, Hauptportal, Höhle, Hohlweg, Hummel, Humse, Katze, Katzerl, Keller, Kerbe, Klemme, Klemse, Klitsche, Klunse, Konservenbüchse, Leier, Leierkasten, Loch...» (Borneman 1984, 1.66)

Ich habe gerade aus dem «Volksmund» für das weibliche Geschlechtsteil zitiert, weil hier deutlich wird, daß die Umgangssprache auch viele abstoßende Begriffe hat. Weil Frauen bis heute noch als «Sexualobjekt» des Mannes gelten, wird die Scheide häufig mit erniedrigenden Bezeichnungen belegt. Welche Frau möchte ihre Möse denn schon gern als «Bohrloch», «Bumsetui», «Fotze» oder «Leierkasten» bezeichnet sehen? Ähnliches gilt für die Untergrund-Sprache über den Geschlechtsverkehr.

In den letzten zwei Jahrzehnten beginnt sich wohl ein «Mittelweg» zwischen «anständigen» Bezeichnungen und frauenverachtenden Ausdrücken zu entwickeln: Da reden wir vom «miteinander schlafen» (obwohl wir gar nicht schlafen wollen), vom «Liebe machen», da wird der «Pimmel in die Möse gesteckt» oder «gevögelt», «gefickt», «gebumst» oder «gepimpert». Ich meine, wir sollten keine Scheu haben, solche Begriffe zu gebrauchen, wenn sie uns denn gefallen.

«Was ist 'ne Nutte?»

Unsere Kinder werden mit der sexuellen Umgangsprache auf dem Schulhof, dem Spielplatz konfrontiert. Sie ruft ihr besonderes Interesse hervor. Und viele Begriffe dieser Sprache werden zu Schimpfwörtern. Mein Freund Paul erzählte von einem Gespräch mit drei Kindern bei der Rückfahrt von der Schule. Franziska erzählte hellauf empört:

«Du, Paul, Karla hat gesagt, ich bin eine Nutte», worauf sofort Steffi einhakte: «Was ist denn eigentlich eine Nutte?» Paul wollte sich erst drücken und dachte, die Kinder würden sich den Begriff erklären. Sie taten es nicht, und auf nochmaliges Nachfragen erklärte er: «Nutte ist eine Prostituierte.» Umgehend kam die Nachfrage: «Was ist eine Prostituierte?», auf die er dann antwortete: «Eine Frau, die für Geld mit Männern schläft.» Damit war alles klar.

An diesem Beispiel wird deutlich, daß Kinder vielfach Begriffe als Schimpfwörter benutzen, die sie gar nicht so recht verstehen. Irgend jemand bringt von zu Hause, von älteren Geschwistern ein Wort mit, das, wenn es sich entsprechend anhört, als «geiles Schimpfwort» aufgenommen wird. Bei meinem Beispiel war mit der sachlichen Erklärung der Reiz verloren. Franziska z.B. besucht öfter eine Freundin, die genau dort wohnt, wo in Hamburg Prostituierte an den Straßenecken stehen. Sie weiß, welchem Gewerbe die Frauen nachgehen. Als sie kleiner war, hatten die Frauen wie andere Leute auf der Straße öfter geschwärmt, wie süß sie aussieht, sie freundlich angesprochen. Als sie wußte, daß Erwachsene diese Frauen als «Nutten» bezeichnen, war das Schimpfwort erledigt.

Mit dem Wissen um die Bedeutung von Begriffen aus der sexuellen Umgangssprache, können Kinder sich auch gut gegen andere zur Wehr setzen, die sie mit diesen Schimpfwörtern beleidigen oder ärgern wollen. Entwaffnend z.B. kann es sein, wenn ein Kind auf das Schimpfwort «Du Nutte!» mit der Antwort reagiert: «Du weißt doch gar nicht, was das ist» oder: «Was hast du bloß gegen Prostituierte?»

In diesem Zusammenhang ist es natürlich sehr wichtig, wie wir mit unseren Kindern über Sexualität reden. Wenn Sie sich neue Aufklärungsbücher ansehen, gibt es dort zwei Wege. Einige benutzen das, was sie für die bei Kindern übliche Sprache halten. Da heißt es dann «vögeln», «ficken», «Schwanz» und «Möse». Die Mehrheit redet aber noch sehr verkrampft davon, daß der Mann, noch besser: der Vater, bei der Frau, noch besser: der Mutter, das «Glied» in die «Scheide» einführt. Der erste Weg scheint mir der richtige zu sein. Warum sollte man Kindern gegenüber die Dinge anders bezeichnen, als man es untereinander macht. Zusätzlich kann man ja erklären, daß es auch noch andere Begriffe gibt: die medizinischen einerseits und die abwertenden andererseits. Franziska z.B. nennt ihr Geschlechtsteil «Muschi», weiß aber auch, daß im Duden «Scheide» steht und daß es in der Alltagssprache häufiger beleidigend «Fotze» genannt wird.

Verbote machen gerade scharf

Nun gibt es sicherlich auch einmal Situationen, in denen Sie «Four-letter-words» Ihrer Kinder so abstoßend finden, daß Sie meinen, jetzt müsse etwas geschehen. In einer Kindergruppe im Kindergarten zogen eines Tages Mädchen im sogenannten zarten Alter von fünf Jahren mit dem Wort «arschficken» durch die Gegend.

Eine Fünfjährige fühlte sich bedroht und weinte. Es gab eine Gruppenversammlung. Keines der Kinder, die das Wort benutzt hatten, wollte oder konnte erklären, was das ist, so daß die Erwachsenen erzählten, es handele sich um eine Sexualpraktik homosexueller Männer. Weil Liebe zwischen Männern in dieser Gesellschaft immer noch schief angesehen wird, würden sie oft durch den genannten anstößigen Begriff beschimpft. Dabei konnte den Kindern recht anschaulich gemacht werden, was Diskriminierung von Schwulen bedeutet. Schließlich forderten die Erwachsenen die Kinder auf, dieses Wort nicht mehr zu gebrauchen, weil es sich um ein schwulenfeindliches Schimpfwort handelt.

Darüber kamen wir Erwachsene in eine längere Diskussion.

Zunächst rief ich einen mir bekannten Homosexuellen an und fragte ihn, ob er den Ausdruck als diskriminierend empfände. Er lachte und erklärte mir: Wir Homosexuellen haben gerade angefangen, uns nicht mehr zu verstecken, sondern dazu zu stehen, daß wir Männer lieben. Wir bezeichnen uns nicht mehr als homosexuell, sondern als schwul. Dann stehen wir auch dazu, daß viele von uns Analverkehr praktizieren. Für uns ist «Arschficker» genausowenig eine Diskriminierung, als wenn die anderen Männer als «Mösenficker» bezeichnet würden.

Dann informierten wir uns genauer und stellten fest, daß das «Arschficken» offenbar nicht einmal eine homosexuelle Spezialität ist. In vielen Kulturen ist es zwischen Mann und Frau üblich. Eine Repräsentativbefragung in der Bundesrepublik in den siebziger Jahren brachte zu Tage, daß diese vermeintlich «ungewöhnliche Sexualpraktik» von 22 % der Frauen und 18 % der Männer gelegentlich betrieben wird (Eichner/Habermehl 1978, S. 181, 322).

Den Kindern waren also teilweise falsche Erklärungen gegeben worden. Das kann jedem Erwachsenen passieren. Vor allem aber: Das «Verbot» hatte das Wort nur attraktiver gemacht. Die Kinder glaub-

ten zu wissen, womit sie die Erwachsenen ärgern könnten; im Gespräch untereinander hatte der Bergriff Hochkonjunktur.

Es ist meiner Meinung nach ein gutes Zeichen, wenn Kinder Wörter aus der sexuellen Umgangssprache nicht nur heimlich und untereinander aussprechen und benutzen, sondern auch uns Erwachsenen gegenüber. Das macht zunächst deutlich, daß sie keine Angst haben und den Bereich des Sexuellen nicht als geheimnisvoll oder verboten betrachten. Trotzdem sollte sicherlich nicht jedes sexuelle Schimpfwort als Ausdruck sexueller Befreiung von Kindern gefeiert werden. Es ist einfach an der Zeit, daß frauenverachtende Begriffe verschwinden oder zumindest zurückgedrängt werden. Das geht aber nur, wenn wir mit unseren Kindern darüber reden können, ihnen erklären können, warum wir bestimmte «Four-letter-words» nicht gut oder meinetwegen «ungeil» oder «voll daneben» finden. Voraussetzung dafür ist, daß die Kinder keinen Grund sehen, das, was sie aufgeschnappt haben, vor uns verborgen zu halten. Also keine Panik, wenn Ihr Kind Sie beim Sonntagmorgenfrühstück einmal fragt: «Na, mal wieder quer durchs Bett gebumst?» Sie können ja antworten: «Klar, wir haben Liebe gemacht, und es hat Spaß gemacht.»

Kapitel 7

Wovor Kinder geschützt werden

Im amerikanischen Film «Lenny» spielt Dustin Hoffman die Titelfigur, einen Unterhaltungskünstler («Entertainer»), der in den sechziger Jahren gegen die spießige Sexualmoral des prüden Amerika anrennt und schließlich resigniert durch Selbstmord endet. Einer von Lennys Beiträgen befaßt sich mit der Pornographie: «Okay, was ist schweinisch und was ist anständig? Also, wenn Sie mich fragen, ich hätte lieber, daß mein Sohn sich einen Pornofilm ansieht als einen sogenannten guten Film wie z.B. ‹König der Könige›. Warum? In dem Film gibt es nur Mord und Totschlag, und ich will nicht, daß mein Sohn den Messias tötet, wenn er wiederkehrt. Genau das passiert nämlich in ‹König der Könige›. Aber nennen Sie mir einen Pornofilm, in dem einer gekreuzigt wird. Nein, nein, das höchste der Gefühle ist, daß man ein Mädchen mit einem Seidenstrumpf fesselt oder zärtlich mit einem Ledergürtel schlägt. Aber in den meisten Fällen sieht man doch anderthalb Stunden nichts weiter als, naja, Streicheln und Küssen und Seufzen und wollüstiges Stöhnen. Junge, Junge, und dann gegen Ende des Films kommt einmal ein potentielles Mordwerkzeug ins Bild: das Kopfkissen, mit dem mann das Mädchen ersticken könnte wie in einem Horrorfilm. Aber nein, er nimmt das Kopfkissen und schiebt es ihr sanft unter den süßen Arsch. Und dann geht's ab. Niemand wird

gequält oder getötet. Nein, es ist herrlich. Und das ist das Ende des Films.»

So einfach, wie Lenny es schildert, mag das Strickmuster der Pornographie damals gewesen sein. Heute sind im «normalen» Pornofilm (in dem es nicht um Gewalt geht) meistens mindestens drei Leute, vorzugsweise eine Frau und zwei Männer am Werk. Da werden auch nicht zärtlich Kissen geschoben. Da wird versucht, gleichzeitig und nacheinander die männlichen Geschlechtsteile in die verschiedenen Körperöffnungen der «Partnerin» zu befördern. Die ist dabei auch nie ganz nackt, sondern immer in Dessous verpackt. Bei ihrer Arbeit müssen die Darsteller dann noch etliche Verrenkungen durchführen, damit die Kamera das Geschehen auch möglichst gut einfangen kann. Teilweise sind in den Aufnahmestudios Hilfskräfte beschäftigt, die Darsteller stützen, Beine festhalten usw., damit die Turnübungen überhaupt durchzuhalten sind. Da männliche Darsteller nicht dauernd Sperma aus sich herausbefördern können, wird dann auch mal mit Ersatzstoffen gearbeitet. Unterlegt ist das Ganze mit einfältigen Dialogen, die später nachsynchronisiert werden. Dabei kommt es vor, daß die Synchronsprecherin der Darstellerin Worte in den Mund legt, obwohl letztere gerade mit Oralverkehr beschäftig ist.

Für den Fall, daß Sie noch keines dieser «Kunstwerke» gesehen haben, zitiere ich hier einmal eine Passage aus «Foxy Lady» (Video Teresa Orlowski, 1988, 7. Folge). Frau sitzt (angezogen) auf der Terrasse eines hübsch gelegenen Hauses. Versehentlich hat sie zwei Männer zum gleichen Zeitpunkt eingeladen. Beide wollen schon gehen, da rettet sie die Situation mit dem Vorschlag: «Ich habe da eine Idee. Ihr könnt mich doch beide ficken!» Dann kommt ein Schnitt ins Schlafzimmer der Hauptdarstellerin, die jetzt nur noch mit BH, Höschen, Strapsen, Strümpfen und hochhackigen Schuhen bekleidet ist.

Sie: «Na, wer von euch wird der erste sein, der mir seinen Dicken hier 'reinsteckt? Will denn keiner der erste sein?

Mann 1: Das brauchst du mir nicht zweimal sagen. Ich bin schon da.

Sie: Nun mach. Das gefällt mir, ja los.

M1: Mach ihn noch steifer.

S (zu M2): O ja, er steht schon. Komm her. Ich brauch dich auch.

M1: Was hältst du davon, wenn du mal dran lutschst?

M2: Sie ist schon ganz naß.

S.: Ja, steck deine Zunge ganz tief rein, Baby.

M1: Bin schon dabei... Das schmeckt, das wird dich noch geiler machen.

S: Ihr müßt beide viel geiler werden... Ja, Michael, steck deine Finger in meine Muschi. Das macht mich unheimlich scharf... Ja, ganz toll. Beweg deine Hand. Fühlst du, wie es im Vötzchen zuckt.

S: Baby, das genügt mir jetzt. Ich möchte an zwei Schwänzen blasen. Ich liebe eure harten Dinger.

M1: Ich mach alles, was du willst.

S: Oh, das kann ich genießen. Das gefällt mir.

M2: Jetzt ich wieder ...

M1: Es wird höchste Zeit, daß wir sie ficken. Ihre Schamlippen werden immer dicker.

M1: Ja, du bist einfach einmalig.

M2: Schwänze magst du wohl besonders gern.

S: Jaaaaa.

M1. Ihr saftiges Arschloch könnte mir auch gefallen.

S: Ja, bohr tiefer, oh, herrlich.

M2: Ja, wir sollten sie jetzt ficken.

S: Ja zeigt mir, was eure Schwänze alles können.

M1: Er muß tiefer rein.

S: Ganz herrlich, alles richtig irre... Wußte gar nicht, daß Arschficken so toll sein kann.

S: Oh, phantastisch. So ist er schön tief drin.... Dein Schwengel wird so erst richtig durchgeknetet.

M1: Beweg dich, das bringt 'ne Menge.

M1: Am liebsten würde ich schon jetzt dein enges Loch vollspritzen.

S: Noch nicht, halt es zurück.»

Denn sonst wäre die Episode ja zu Ende. Und es muß ja noch zehn Minuten so weitergehen. Die «Aaahs» und «Ooohs» habe ich natürlich nicht mitgeschrieben.

So wie hier im Film wird es wohl selten getrieben. Pornographie ist keine Darstellung von Wirklichkeit, eher schon von Phantasien. «Die Welt» besteht in ihnen «aus nichts anderem als Sexualität. Immerwährende Begierde, unstillbare Lust, verfügbare Sexualobjekte, die immer zu allem bereit sind oder bereit gemacht werden, permanenter Genuß» (Schmidt 1988, S. 144 f.).

Vor diesem Schlaraffenland waren bis in die siebziger Jahren hinein auch die Erwachsenen der BRD «geschützt» durch ein Pornographieverbot. Der Anstoß zur Freigabe kam Ende der sechziger Jahre aus Skandinavien. In den Vereinigten Staaten setzte der Präsident eine Kommission ein, die ihm nach jahrelanger Arbeit einen umfangreichen Bericht ablieferte.

Dieser und wissenschaftliche Forschungen in Dänemark und Schweden ergaben, daß Pornographie Erwachsenen nicht schadet. Es wurde sogar die Auffassung vertreten, daß ihre Freigabe zu einer Verringerung von Sexualstraftaten führen könnte. In der Bundesrepublik ist sie jetzt seit 1974 erlaubt, mit Ausnahme von Darstellungen sexueller Gewalt, des sexuellen Mißbrauchs von Kindern und sexueller Praktiken zwischen Mensch und Tier. Diese Freigabe galt als Fortschritt, als Liberalisierung.

Neulich erzählte ich meiner feministischen Freundin Karola, daß ich mir zur Vorbereitung für dieses Buch ein Stück aus einem Pornofilm angesehen habe. Sie war hellauf empört:

«Hat dich das am Ende auch noch angemacht?»

«Also, ich habe gehört, daß es Frauen gibt, die auf solche Filme sexuell erregt reagieren. Mir ist das nicht passiert. Ich fand es sehr primitiv und lustig», entgegnete ich arglos.

«So, primitiv hast du es gefunden. Mehr nicht? Das Zeug muß verschwinden. Es ist erstens frauenfeindlich...»

«Natürlich ist es das zum Teil», fiel ich ihr ins Wort, «aber wir sind uns doch einig, daß hier ganz viel frauenfeindlich ist. Nimm doch nur die Heftchen für Muttis und Omis, in denen die Geschichten aus den Königshäusern ausgebreitet werden. Wenn du alles verbieten willst, was frauenfeindlich ist, kommst du aus dem Verbieten gar nicht mehr heraus.»

«Aber Pornographie ist zweitens etwas ganz Besonderes; es ist er-

wiesen, daß dadurch die Bereitschaft von Männern, Frauen sexuelle Gewalt anzutun, erhöht wird», bekam ich zurück. «Nein, gerade nicht, ich habe gelesen, daß Pornographie keinen Nachahmereffekt hervorruft. Leute, die einen Pornofilm gesehen haben, machen das nicht nach, es sei denn, sie hätten vorher schon praktiziert, was da gezeigt wird. Und befürwortet worden ist die Freigabe gerade mit dem Argument, daß verklemmte Männer Dampf ablassen können, der sich sonst aggressiv entladen könnte», gab ich mein Wissen zum besten. Wir schlugen uns geraume Zeit unsere Kenntnisse über wissenschaftliche Studien zum Thema um die Ohren. Sie beharrte auf einem Verbot, wenn auch auf einem komplizierten Weg, den ich hier nicht im einzelnen darstellen will. Ich erklärte, daß im Bereich der Sexualität den Menschen jahrhundertelang Verbote in den Weg gestellt worden sind und mir ein Zustand, in dem sich nicht irgendein Zensor in diesen Bereich einmischt, wesentlich lieber ist. Dann meinte ich, daß das ganze Problem halb so schwerwiegend wäre, wenn die Darstellung des Geschlechtsverkehrs nicht in die Pornos verbannt wäre, sondern auch im normalen Film stattfinden würde als selbstverständlicher Bestandteil des Lebens:

«Denk doch mal an den Film ‹Coming Home› mit Jane Fonda...» setzte ich an. «Die zieht sich doch in jedem Film aus, damit die Kasse stimmt», unterbrach meine Freundin. «Werde nicht polemisch. Es gibt Filme, da läuft sie nur angezogen herum. Also in dem Film verliebt sie sich in einen im Vietnamkrieg querschnittgelähmten ehemaligen Soldaten und geht mit dem ins Bett. Die ganze Liebesgeschichte zwischen den beiden wird im Film entwickelt, aber wie sie es dann miteinander machen, das wird ausgeblendet. Mich machen diese Andeutungen eigentlich mehr an, als wenn ich dann alles sehen würde. Aber im Grunde hätte das wie selbstverständlich hineingepaßt. Und außerdem hätten sie Millionen Zuschauer klarmachen können, daß Behinderte auch Sexualität praktizieren können», entwickelte ich, um auch dort auf Widerspruch zu stoßen:

«Das würde sich dann rumsprechen, daß die es treiben, die Männer kämen in Scharen in den Film wegen dieser Szene, holen sich vielleicht einen runter. Und im Ergebnis verlangen sie von ihren Frauen, daß sie aussehen wie Jane Fonda und wie die im Bett herumhopsen. Nee, nee. Die Männer sollen uns nehmen, wie wir sind, wenn sie uns denn nehmen wollen.»

«Also wie früher: kein Sex, keine Nacktheit in Wort und Bild», faßte

ich zusammen. «Zumindest nicht für Männer», meinte sie. Etwas anderes hatte ich auch nicht erwartet.

Jagdszenen aus der Provinz

Ich will Ihnen nicht unbedingt empfehlen, sich bei nächster Gelegenheit mit Ihrem Kind einen pornographischen Film anzusehen, sozusagen als sexualaufklärerischen Anschauungsunterricht. Damit würde man in der Tat den Kindern ein genauso falsches Bild von der Sexualität vermitteln, wie es bei den erwachsenen Dauerkonsumenten dieser Filme geschieht. Daß es Pornographie gibt, aber auch daß es ernsthafte Diskussionen darüber gibt, erwachsenen Menschen diese zweifelhafte kulturelle Äußerung zu verbieten (über das sicherlich berechtigte Verbot der Darstellung sexueller Gewalt hinaus), zeigt jedoch nur, daß Sexualität immer noch nicht zur gesellschaftlichen Normalität gehört. Phantasien kann man nicht verbieten. Sie können sich nur verändern, indem sich die Sexualität insgesamt verändert und das Verhältnis zwischen den Geschlechtern.

Der Ruf nach dem Zensor für Erwachsene würde schließlich die Zensur für Kinder und Jugendliche noch verstärken. Und die werden ohnehin auch nach der Freigabe der Pornographie für Erwachsene bestens «behütet».

Dem Verleger der spanischen Ausgabe von «Zeig mal» wurde in Madrid der Prozeß wegen «Erregung öffentlichen Ärgernisses» gemacht. Einer Verurteilung entkam er mit knapper Not, für spanische Kinder indes wurde das Buch gleichzeitig verboten (*Hamburger Morgenpost*, 17.10.1980). Aber lassen wir den Blick nicht ins Ausland schweifen. Es gibt genug Jagdszenen aus deutschen Landen. Aufklärungsschriften wie Günter Amendts «Sexfront» oder «Zeig mal» entgingen nur mit Mühe der Verbannung auf die Liste der jugendgefährdenden Schriften, die Kindern und Jugendlichen nicht zugänglich gemacht werden dürfen, was praktisch einen Verkauf unmöglich macht. 1979 verbot das saarländische Kultusministerium, das Stück des Theaters «Rote Grütze» «Was heißt hier Liebe» in Schulen zu zeigen (*Frankfurter Rundschau*, 26.10.1979). Schon 1977 hatte der sozialdemokratische Kultusminister Nordrhein-Westfalens Schulklas-

sen Besuche des Stückes durch Erlaß verboten (*Tageszeitung*, 27.5.1983). 1981 wurde in sieben Münchner Buchläden «Das Sexbuch» auf Anordnung eines Ermittlungsrichters beschlagnahmt (*Süddeutsche Zeitung*, 7.8.1981). Heiner Geißler ließ nach seinem Amtsantritt als Bundesfamilienminister 1982 die für Schulen hergestellte Arbeitsmappe «Betrifft Sexualität» einstampfen. 1983 erwischte es, wiederum in München, zwei Titel aus dem Rowohlt Verlag, Abhandlungen der amerikanischen Autorin Nancy Friday über die sexuellen Phantasien von Frauen bzw. Männern (*Süddeutsche Zeitung*, 17.9.1983).

1984 erschütterte ein «Porno-Skandal» Burgdorf, dort wohnt der niedersächsische Ministerpräsident. Der Stadtdirektor hatte eine Liste von Neueinkäufen der Stadtbücherei in die Hände bekommen, in der ihm etliche Titel «jugendgefährdend» erschienen. Der Leiter der städtischen Kulturabteilung rückte an und «beschlagnahmte» die Bücher, z.B. einen Gedichtband «Liebe und Leid, Zeit und Ewigkeit», die Geschichte «Der Soldat und das Mädchen» des renommierten Schriftstellers Erich Fried, eine Darstellung der deutschen Frauenbewegung unter dem Titel «Evas Töchter werden mündig» und schließlich auch das Buch «Bikini oder die Bombardierung der Engel». Wahrscheinlich hatte der Stadtdirektor beim Titel haarscharf gefolgert, daß es dort darum geht, Mädchen den Bikini auszuziehen, um sie dann ihrer Jungfräulichkeit zu berauben («Bombardierung der Engel»). Er hatte zuviel männliche Phantasie und zuwenig politische Bildung. Sonst hätte er wissen müssen, daß das «Bikini-Atoll» in der Südsee lange Zeit Testgelände für Atomwaffenversuche der USA war. Und genau das Thema behandelt das Buch (vgl. *Frankfurter Rundschau*, 26.2.1984, *Hamburger Abendblatt*, 28.2.1984).

Im gleichen Jahr zogen die Jusos in Iserlohn freiwillig eine an den Schulen der Stadt verteilte Zeitung, den *Schülerexpreß*, zurück, nachdem das Jugendamt der Stadt bei der zuständigen Prüfstelle Verbotsantrag gestellt hatte. Unter der Überschrift «Gehören solche Sex-Tips in eine Schülerzeitung?» nahm sich die *Bild*-Zeitung der Sache an. Bemängelt wird dort ein Foto, das *Bild* wie folgt beschreibt: «Ein nackter Junge, etwa 10 Jahre alt, liegt auf einem weißen Tuch, daneben kniet ein nacktes, noch jüngeres Mädchen, die langen Haare fallen zwischen ihre Beine, sie streichelt den Bauch des Jungen.» Nach der Beschreibung muß es sich um ein Foto aus zwei Bilderseiten in *Sexfront* handeln. Dabei haben die Jusos offenkundig auch noch ein

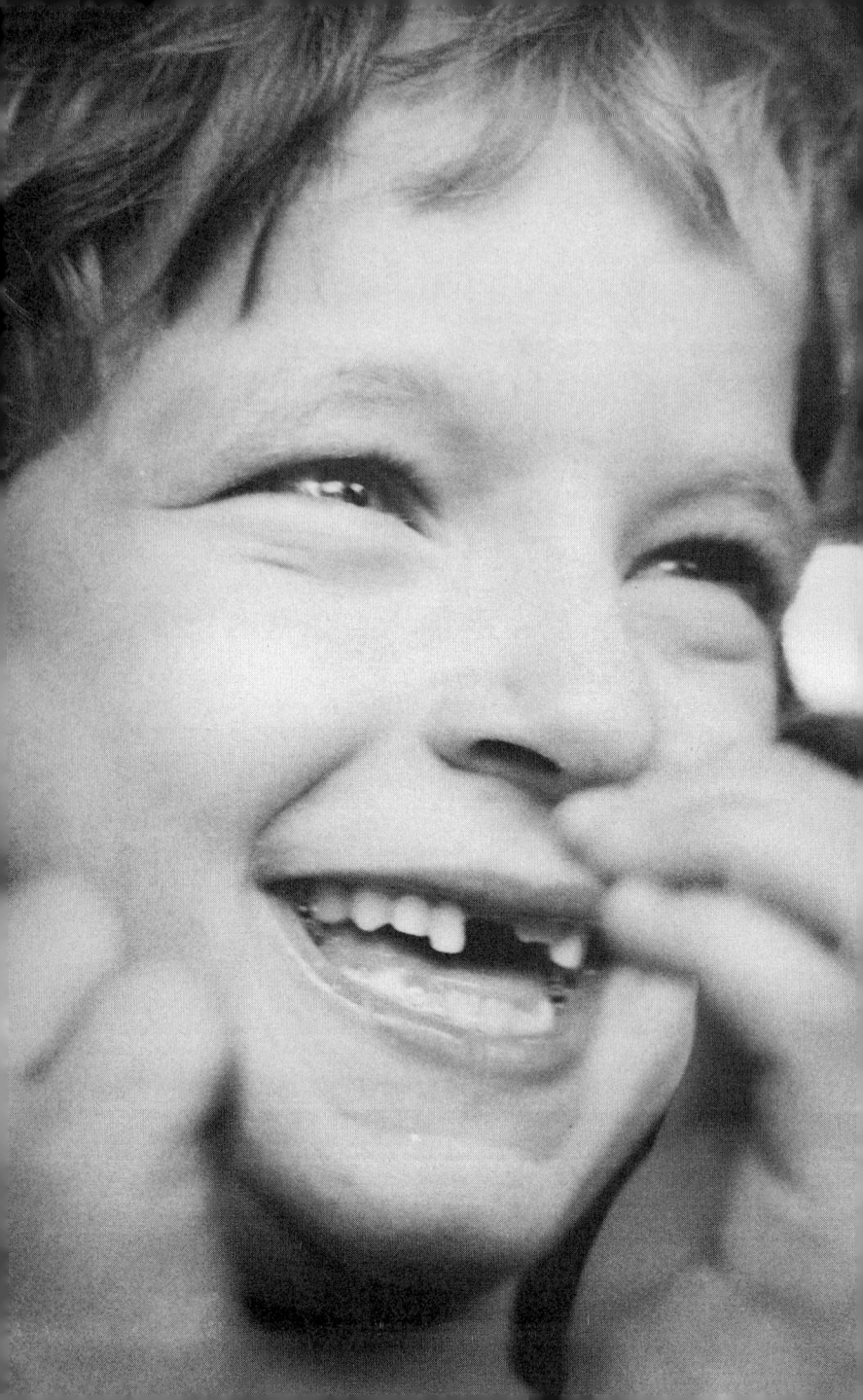

harmloses ausgesucht; immerhin gibt es dort auch noch eines, auf dem das Mädchen dem Jungen tatsächlich an den Pimmel greift. Empörend für *Bild* ist dann auch noch eine Textstelle, allerdings auch wieder nicht so empörend, daß die Zeitung darauf verzichtet, sie zu zitieren, ungeachtet der Tatsache, daß eventuell auch Kinder sie dann lesen: «Für die Frau kann es sehr lustvoll sein, wenn der Mann mit seiner Hand den Bereich um die Klitoris streichelt... Der Orgasmus ist nicht immer notwendig, damit der Geschlechtsverkehr schön und befriedigend erlebt wird...» (*Bild*, 29.9.1984).

Ganz anders als die Herausgeber des *Schülerexpress* reagierten Redakteure einer Hamburger Schülerzeitung, deren Verteilung an den Schulen untersagt worden war. Bei einem Zusammentreffen von Schülerzeitungsredakteuren im altehrwürdigen Rathaus mit dem damaligen Bürgermeister Klose zogen sie sich aus und deuteten protestierend vor dem jugendlich-smarten Landesvater «Sexspiele» an. Der blieb sitzen und mußte das empörte Presseecho über sich ergehen lassen: «Hamburger Eltern empört über Sexspiele im Rathaus. Viele fragen: Warum sah Klose tatenlos zu?» (*Bild*, 26.2.1981). Der Bürgermeister, der nur gelassen reagieren wollte, sah sich auf einmal dem Vorwurf ausgesetzt, selbst ein «Spanner» zu sein, weil er nicht mit hochrotem Kopf die Szene verlassen hatte. Aus dem Fall der Schülerzeitung war – solch merkwürdige Wendungen gibt es – ein «Fall Klose» geworden. (Das, was dem Bürgermeister hier widerfuhr, der politische Rufmord durch «Enthüllungen» über tatsächliche und angebliche sexuelle Gewohnheiten, wird als «sexuelle Denunziation» bezeichnet, vgl. dazu Friedrich Koch 1986, der diesen Fall auch ausführlicher dokumentiert.)

Nicht nur Staatsanwälte, Jugendämter oder Kultus- und Familienminister «behüten» unsere Kinder; auch die konservative Presse spielt ihre Rolle dabei. Dazu drei Beispiele aus Deutschlands auflagenstärkster Tageszeitung.

1980: «Klassenreise: Welcher Junge schläft bei welchem Mädchen? Der Lehrer verloste Paare auf die Zimmer.» Der Sachverhalt laut *Bild*: «Gleich am ersten Abend machte der Lehrer eine Tombola, wer schläft bei wem. Die Betten wurden so ausgelost, daß jedes Mädchen zusammen mit einem Jungen ein Zimmer bekam.» Die Mädchen und Jungen gehörten der Abschlußklasse des Gymnasiums an, sind im Regelfall älter als 18 Jahre. Trotzdem läßt *Bild* einen leibhaftigen CDU-Abgeordneten nach dem Staatsanwalt rufen: «Der Lehrer hat

Abhängige zu sexuellen Handlungen veranlaßt» (*Bild*, 4.10.1980). Klar, wer zusammen in einem Zimmer schläft, der wird auch sexuell miteinander aktiv, zumindest in der Abgeordnetenphantasie.

1984: «Vierjährige malten sich nackt im Kindergarten – finden Sie das richtig?» (*Bild*, 17.3.1984). Tatort: ein städtisches Tagesheim in Hamburg. Geschädigte: die vierjährige Sandra und ihr Vater Bernhard: «Unsere vierjährige Sandra mußte sich ... auf Anordnung der Erzieherin mit ihrer Gruppe ganz ausziehen. Dann malten sie sich gegenseitig.» Auch hier ist eine Politikerin zur Stelle, wieder von der CDU, die einen «Verstoß gegen das elterliche Erziehungsrecht» sieht und Weisheiten über Nacktheit bei Kindern zum besten gibt: «Kinder dieses Alters planschen nackt am Strand und sehen ganz unbefangen den Unterschied zwischen Deerns und Jungs. Man sollte sie aber durch Akt-Malerei nicht besonders darauf hinweisen.» Immerhin wird als Kontrapunkt die gegenteilige Ansicht des Präsidenten des Kinderschutzbundes zitiert.

1989: «Schock für die Eltern: Kinder mußten in den Ferien Pornolieder singen.» Täter: Mitarbeiter(innen) des Jugenderholungswerkes, Opfer: achtjährige Kinder auf der Ferienreise. Tatgegenstand: u.A. das Lied Waldemar, bei dem *Bild* allerdings das Wort «ficken» nicht ausschreibt, sondern nur mit vielen Pünktchen zitieren mag: «Ich möchte sozusagen mit ihrer Tochter schlafen. Ich glaub, sie ham 'nen Tick, mei Tochter wird net gef... Komm Vater, mach doch mit, dann gibt's 'nen Dreierf... Und Mutter sei kei Hex, dann gibt's an Gruppensex.» Die CDU-Experten waren gerade alle im Urlaub, deshalb werden hier nur Eltern zitiert: «Es ist unglaublich, welchen seelischen Knacks die Kinder davongetragen haben», meint z.B. die Mutter des achtjährigen Martin. Sie sollte ihn einmal fragen, was er hinter vorgehaltener Hand schon alles auf dem Schulhof gehört hat.

Die Presse wird in der Bundesrepublik nicht zensiert. Aber sie zensiert selbst. Geschichten wie die hier vorgestellten erscheinen mit schöner Regelmäßigkeit nicht nur in *Bild*. Über dieses Buch, das sie gerade lesen, könnte man leicht mehrere Skandalgeschichten schreiben, indem man Dinge aus dem Zusammenhang reißt: «Kinder sollen Eltern bei der Liebe zuschauen. Finden Sie das richtig?», «Unglaublich. Elternratgeber empfiehlt: Küssen sie das Geschlechtsteil ihres Kindes», «Erzieherin fordert Kinder zu maßloser Selbstbefriedigung auf» wären einige Vorschläge für griffige Überschriften. Bei einer solchen Veröffentlichungspraxis müssen Lehrer, Erzieher, aber auch

Eltern, die sich beim Umgang mit der Sexualität von Kindern weit vorwagen oder aber nur wissenschaftlich fundierten Ratschlägen von Sexualforschern folgen, damit rechnen, vom Zensor der veröffentlichten «Volksmeinung» (früher nannte man das «gesundes Volksempfinden») bestraft zu werden.

Manchmal kommen aber tolerante Eltern selbst ins Nachdenken, ob sie sich nicht besser auch als Zensor betätigen sollten. Etlichen z.B. sind die Texte der deutschen Musikgruppe «Ärzte» ein Dorn im Auge. In einem Heftchen des Arbeitskreises «Roter Elefant», der nun alles andere als ein Vorreiter des Jugendschutzes ist, beklagt sich zum Beispiel eine Mutter darüber, daß ihre vierzehnjährige Tochter auf das Lied «Geschwisterliebe» steht, in dem es heißt:

«Die Eltern sind weggefahren,
auf die Gelegenheit warte ich schon seit vierzehn Jahren.
Noch sitzen wir hier und spielen Schach,
aber gleich leg ich dich flach.
Der große Augenblick ist da,
ich liege auf dir und du schreist ‹ja›.
Du bist so eng, das macht mich geil,
und morgen nehme ich dein Hinterteil.»
(Zitiert nach Heimannsberg, 1988, S. 20)

Kommentar der entsetzten Mutter zum Vergnügen der Tochter an diesem Text: «Da versuchst du, das Kind offen und frei großzuziehen, und das ist der Dank» (ebd.). Sie räumt ein, daß die Sprache der Jugendlichen Abgrenzung gegen die Erwachsenen ist, und ist trotzdem wütend über die Texte, weil sie frauenverachtend seien. Klar, als wir vor zwanzig Jahren Mick Jaggers Hilferuf hörten: «I can't get no satisfaction» oder «Let's spend a night together», war natürlich alles anders. Das war auf englisch, da sang endlich 'mal einer auch über Sex, und daß die Rolling Stones einem Mädchen was zuleide tun könnten, war unausdenkbar.

Ich meine, Texte wie die der «Ärzte» gehen nur einen kleinen Schritt weiter als die «Tabubrecher» von damals. Sie schauen Kindern und insbesondere Jugendlichen «aufs Maul», spitzen das vielleicht noch ein bißchen zu und haben ein begeistertes Publikum, männlich und weiblich. Und darunter ist wahrscheinlich kaum ein Mädchen, das mit dem Bruder «Geschwisterliebe» machen würde.

Im übrigen sind auch die «Ärzte» lernfähig. Ihre Geschichte von «Claudia» beschäftigte immerhin die staatlichen Jugendschützer, hieß es doch da:

«Claudia hat 'nen Schäferhund,
und den hat sie nicht ohne Grund,
abends springt er in ihr Bett,
und dann geht's rund.»

In der neuen Fassung wird der Tod des Hundes mitgeteilt. Claudia sei dann drei Monate mit 30 Mitgliedern der Bundesprüfstelle für jugendgefährdende Schriften eingesperrt gewesen. Und nun können die Ärzte völlig jugendfrei singen:

«Claudia hat jetzt 'nen Mann,
fängt ein neues Leben an.
Keine Sauereien mehr,
nur noch christlicher Verkehr.»

Wenn das kein Fortschritt ist!

Kein Unterschied zwischen Sex und Crime

Unter dem Begriff «jugendgefährdende Schrift» werden in der Bundesrepublik zwei grundverschiedene Dinge zusammengefaßt, die von Kindern und Jugendlichen ferngehalten werden sollen. Zum einen die angeblich oder tatsächlich «sozialethisch desorientierenden» Beiträge zur Sexualität von der Pornographie bis zur übermütigen Schülerzeitung, zum anderen Medien, die Gewalt oder Rassenhaß verherrlichen. Darauf kam ich in einem anderen Gespräch mit meiner feministischen Freundin Karola, die meinte: «Also, du willst am liebsten Kindern und Jugendlichen gar nichts verbieten?» «Ich finde es widersinnig, bei der ganzen Verbieterei Gewalt, Krieg und Rassenhaß und sexuelle Darstellungen in einen Topf zu werfen», hob ich an, um natürlich gleich wieder unterbrochen zu werden: «Pornographie ist Krieg gegen Frauen.» «Ach, meinst du, daß die Leute, deren Aufklärungsbücher amtlich auf Jugendgefährdung überprüft werden, Krieg gegen Frauen

führen wollen?» «Nee, die natürlich nicht», mußte sie kleinlaut einräumen, «obwohl, wenn die von Männern gemacht sind, weiß frau natürlich nie genau, was die den Mädchen da unterjubeln wollen.»

Ich wollte den Faden nicht verlieren und versuchte, meinen Gedanken weiterzuentwickeln: «Ich bin dafür, genau zu trennen. Gewaltverherrlichung oder der ganze Nazi-Schund sollten für alle verboten werden, für Erwachsene und Kinder. Aber wenn du dir z.B. die Listen von der Bundesprüfstelle für jugendgefährdende Schriften anguckst, dann sind es zu drei Vierteln Sachen, die mit Sex zu tun haben, und dann nur ein paar, bei denen es um Rassenhaß oder ähnliches geht.» «Wahrscheinlich sitzen da auch Männer, die sich lieber 'was sexistisches ansehen», bot sie zur Erklärung an. «Nee, die sagen alle, das, was sie sich dienstlich angucken, macht sie nicht an», erwiderte ich, mich an ein Interview mit dem obersten Jugendschützer erinnernd. «Typisch männliche Ausrede: Ich guck mir das nur aus beruflichen Gründen an», belehrte sie mich und fuhr fort: «Gewalt und Pornographie gehören doch beide zur Männergesellschaft, da muß frau nicht groß unterscheiden.» «O, doch: Gewalt war in der Geschichte nie verboten, unterdrückt oder ins Abseits gedrängt, Sexualität dagegen ziemlich lange. Soldaten, die sexuell gefrustet sind, schießen besser», meinte ich einen großen Unterschied entdeckt zu haben, und kramte dann aus der Erinnerung ein Zitat des Soziologen Herbert Marcuse, das vor zwanzig Jahren Furore machte:

«Nicht das Bild einer nackten Frau, die ihre Schamhaare entblößt, ist obszön, sondern das Bild eines Generals in vollem Wichs, der seine in einem Aggressionskrieg verdienten Orden zur Schau stellt» (Marcuse 1984, S. 248). «Nun laß mal deine Träume von vorgestern», wurde ich unsanft aus der Erinnerung gerissen, «damals haben wir alle gesagt ‹Es ist verboten, zu verbieten›, und heute haben wir den Salat.» «Vielleicht hatten wir ja recht», sinnierte ich, «was den Menschen im Kopf ist, kannst du schlecht verbieten.»

Das Besondere am Jugendschutz ist, daß er ohnehin nicht funktioniert. Früher oder später werden unsere Kinder mit sexuellen Darstellungen konfrontiert, die ihnen eigentlich nicht zugänglich sein sollen. Das kann schon recht früh auf dem Schulhof anfangen. In bestimmten Stadtteilen von Großstädten laufen sie schon morgens auf dem Weg zum Schulhof am Sexshop vorbei. Spätestens mit zwölf bis vierzehn Jahren werden sie irgendeine Gelegenheit finden, sich im Videorecorder etwas Verbotenes anzuschauen.

Helga Marburger berichtet von der Behandlung des Themas Pornographie im 9./10. Schuljahrgang (also mit Fünfzehn- und Sechzehnjährigen, die so etwas eigentlich nicht sehen dürfen): «So wurde etwa auf Initiative der Schüler ausführlich über ihre eigene Motivation, sich Pornofilme anzusehen, gesprochen. Dabei zeigten sich die Schüler sehr offen, nicht nur, daß überhaupt eingestanden wurde, daß man sich solche Filme gern angesehen hatte, es wurde auch gesagt, und zwar von Jungen wie Mädchen, daß man sich beim Zuschauen sexuell erregt gefühlt habe. Als weitere Gründe wurden angeführt, der Wunsch, sich über den Ablauf des Geschlechtsverkehrs zu informieren oder neue Stellungen und Sexualpraktiken zu lernen. Ein ähnliches Gespräch folgte zum Erwerb von Pornoheften, auch hier nannten die Schüler eigene Beweggründe. Im Vordergrund stand dabei die Ersatzfunktion, Pornohefte wurden gelesen, weil man keinen Partner hatte, einem der Freund oder die Freundin fehlte» (Marburger 1982, S. 254). Dabei beurteilten die Schüler aber die Pornographie recht kritisch. Im Zuge der Beschäftigung mit dem Thema entwickelte eine Schülergruppe eine Spielszene, die so schön ist, daß ich sie hier zitieren muß:

«Eine Frau betritt einen Sexshop und schaut sich um. Die Verkäuferin geht auf sie zu.
V: Guten Tag, was wollen Sie haben?
F: Ich möchte gern eine Gummigurke haben.
V: Weshalb, warum, wieso?
F: Ach ja, mein Mann, der bringt's nicht mehr.
V: In welcher Farbe und Größe?
F: Ich möchte gern lila, das regt an, mit Gumminoppen und Spritzdüsen.
V: Okay, ich such Ihnen einen schönen aus.
F: Und verpacken Sie ihn mir als Geschenk, zur Tarnung.
V: Ich will ja nicht aufdringlich sein, wie wär's, wenn Sie Ihren Mann mit Schnüffelduft anheizen?
F: Nein danke, mein Mann hat Schnupfen.
V: Und wie wär's mit Erotik-Bonbons?
F: Ich habe Angst, daß mein Mann merkt, wenn ich ihm die Pillen ins Essen mische.
V: Ich geben Ihnen mal eine Probe mit. Viel Spaß. Auf Wiedersehen.
F: Auf Wiedersehen.»
(Marburger, ebd.)

So können sich Jugendliche nur mit Sexualität bzw. hier mit der Vermarktung der Sexualität auseinandersetzen, wenn die Erwachsenen offen und ehrlich zu ihnen gewesen sind und gerade nicht ins Abseits gedrängt haben. Jugendliche, die die Sexindustrie so veralbern können, brauchen keinen Jugendschutz. Die dort verschwendeten Kräfte könnten vielleicht dafür eingesetzt werden, mehr oder weniger älteren Herren, die Sexshops besuchen, geduldig zu erklären, daß das, was ihnen dort geboten wird, mit der Wirklichkeit nichts zu tun hat. Man braucht ihnen ihr Do-it-yourself-Hobby deswegen ja nicht zu verbieten.

Kapitel 8

Sex im Kinderbuch

«Er aber, sag's ihm, er kann mich am Arsch lecken!» läßt Goethe seinen «Götz von Berlichingen» einem Gegner ausrichten. Das Zitat ist sehr schnell populär geworden. Aber auch dem Geheimrat, über den Generationen von Schülern reimten «Goethe spielt Flöte mit Schiller sein Piller», blieb das Schicksal nicht erspart, daß «Anstößiges» nicht gedruckt wird. In den Ausgaben seiner Werke wird man die Worte «am Arsch lecken» durch drei Striche ersetzt sehen (Goethe, Sanssoussi-Ausgabe, Bd. 6, S. 67). Unsere Vorväter und -mütter mußten mühsam in der «Weltliteratur» die «Stellen» zusammensuchen, in denen einmal etwas Erotisches oder wie bei Goethe Derbes angedeutet wurde.

Das Problem haben wir heute nicht mehr. «Sex and Crime» ist Wesenselement von «Gesellschaftsliteratur», und auch in den anspruchsvolleren Romanen wird hin und wieder, manchmal sogar ganz schön oft Sex praktiziert. Natürlich alles in Grenzen, weil sonst der Staatsanwalt das Buch als zu freizügig betrachten könnte.

Geht man in eine Buchhandlung, um sich in der Abteilung Kinderbuch etwas zum Thema Sexualität für Kinder herauszusuchen, wird man zuerst verwiesen auf das mehr oder weniger umfangreiche Regal mit den «Aufklärungsbüchern». Sucht man dann Bilder, Vorlese- und

Lesebücher, in denen Sexualität nicht in der Form der «Aufklärung» vorkommt, sondern einfach so, als Bestandteil des Lebens, werden viele Buchhändler(innen) mit den Achseln zucken. Da ist es so ähnlich wie beim Götz-Zitat in meiner Goethe-Ausgabe. Da stehen drei Striche, und die stehen für: «Kommt nicht vor.»

Kinder laufen heutzutage nackt in der Wohnung herum, wenn es warm ist und sie klein sind auch auf dem Spielplatz. Im Bilderbuch sind sie immer angezogen. Bei uns Eltern kennen sie sehr früh den «kleinen Unterschied», wenn wir uns nur halbwegs frei bewegen. Im Bilder-buch unterscheiden Mann und Frau sich dadurch, daß die eine lange Haare hat und ein Kleid trägt, der andere einen Bart und Hosen. Für zweijährige Jungen gibt es die Büchlein, in dem er das rote Auto, den gelben Postwagen, den blauen Bagger und das rote Feuerwehrauto unterscheiden lernt. Das mit den nackten schwarzen Jungen und dem roten nackten Indianermädchen gibt es nicht. Bilder- und Kinderbü-cher werden mit pädagogischer Absicht gemacht. Die Kinder sollen etwas lernen. Sie behandeln, teilweise gelungen, teilweise mißglückt, alle möglichen Probleme, mit denen kind in Berührung kommt: aus-ländische Kinder, Straßenverkehr, In-die-Schule-Kommen usw. Nur ein Thema wird nicht behandelt. Das ist natürlich auch eine heimliche Erziehung.

Nach einigem Nachdenken fielen mir dann doch zwei Beispiele ein. Das eine ist ein sehr bekanntes tschechisches Kinderbuch: *Die Kinder-brücke* (bohem press, 1979). Thema sind zwei verfeindete Familien, die sich am Ufer eines Flusses gegenüber wohnen. Die eine Familie hat ein Mädchen, die andere einen Jungen, denen es allein langweilig ist. Als eines Tages der Fluß Niedrigwasser führt und die Eltern mittags schlafen, können die beiden sich erreichen und miteinander spielen. Als das Wasser wieder steigt, ist es aus damit. Die Kinder werden krank, bis die Eltern begreifen, daß die beiden einander brauchen, und eine Brücke, die Kinderbrücke, bauen. Ich habe mir immer gesagt: «Die Geschichte kennst du doch», bis ich dann darauf stieß, daß es die alte Story des englischen Dichters Shakespeare über das inzwischen bekannteste Liebespaar der Weltliteratur, Romeo und Julia, ist. Die beiden lieben sich und dürfen es nicht, weil ihre Familien in Feind-schaft liegen. Erst nach ihrem gemeinsamen Tod versöhnen sich die Eltern über ihren Gräbern. In der «Kinderbrücke» geht es demgegen-über gut aus.

Das andere fand ich bei Astrid Lindgren. Mit der Geschichte vom

Niels Karlsson Däumeling hat sie sich weit vorgewagt. Da trifft ein einsamer Junge einen kleinen Zwerg, der in seiner Wohnung in einem verlassenen Mauseloch wohnt. Durch das Zauberwort «Killewips» kann er sich auch klein machen, und die beiden richten sich zusammen die Mäusewohnung her. Sie essen zusammen, sie baden zusammen und fühlen sich ganz toll. Kurz: Es ist die Geschichte einer Freundschaft zwischen zwei Jungen, die durchaus homosexuelle Züge trägt.

Anderen Leser(inne)n mögen jetzt im Rückblick andere Bücher, die sie ihren Kindern gezeigt oder vorgelesen haben, einfallen, in denen im einzelnen unerkannt Fragen behandelt werden, die mit Sexualität und Liebhaben zu tun haben. Fest steht wohl nur, daß man dazu sehr aufmerksam sein muß.

Die Scham ist noch nicht vorbei

Einige, insbesondere neuere Kinderbücher versuchen immerhin, Nacktheit, Sexualität, Liebe und Zärtlichkeit zu behandeln. Der *Anti-Struwwelpeter* von F. K. Waechter (Diogenes, Zürich 1982) ist ein Produkt der damaligen antiautoritären Erziehungsbewegung, das, wie der Titel schon sagt, den «Struwwelpeter», mit dem Kindergenerationen Angst gemacht worden ist, auf den Kopf stellen sollte. Dort erwischt es nicht die «unartigen Kinder», sondern die Erwachsenen, die Kinder nicht in Ruhe lassen können, z.B. den Polizisten, der einigen Jungen das nackte Sonnenbad im Park verbieten will:

«Der brave grüne Ordnungsmann
schreit immer wieder: Hosen an!
Die Knaben aber schreien munter:
Hosen runter, Hosen runter!
Was ist das für ein Sonnenbad
bei dem man grüne Hosen hat.
Zeig deinen Ordnungspimmel
doch auch einmal dem Himmel.»

Nach dem Motto «Kinder brauchen Kinder, und dann machen sie ihren eigenen Spaß» ist auch Waechters Buch *Wir können noch viel zusammen machen* (Parabel, SchwäbischHall 1973) eine Ermunterung.

142

Die Freundschaftspiele wie z.B. «Po-an-Po» und «Bauch-an-Bauch», die die Tierkinder dort betreiben, haben auch viel mit Liebe und Sexualität zu tun.

Ebenfalls schon etwas älter ist *Ich will auch Geschwister haben* von Astrid Lindgren (Oetinger, Hamburg 1979), ein Buch über den Wunsch nach einem Geschwisterkind und dem anstrengenden Alltag mit demselben. Der offenkundig noch nicht «aufgeklärte» Peter will ein Geschwisterkind, weil Freund Jan auch eins hat. Er wundert sich sehr, daß man das nicht im Laden kaufen kann, bekommt aber erklärt, daß es im Bauch der Mutter wächst. Wie es da hineingekommen ist, wird in dem Buch nicht erklärt. Es würde da auch nicht hineinpassen. Als das Geschwisterchen dann auf der Welt ist, hat Peter sich mit den positiven (sie ist süß, man kann als «großer Bruder» aufpassen und stolz sein) und negativen Seiten (die Eltern kümmern sich mehr um das Baby, was fürchterlich eifersüchtig macht) auseinanderzusetzen, wobei er schon einmal die Frage aufwirft, warum er sich «nicht statt dessen lieber ein Dreirad bestellt» hätte. Das Buch verwendet trotz schöner Ansätze weitgehend das alte Rollenklischee von der Mama, die sich ums Kind kümmert und von dem sich Astrid Lindgren wohl auch nicht mehr trennen will. Erwähnenswert ist das Buch, weil Ilona Wikland, die die Illustrationen gezeichnet hat, tatsächlich den kleinen Jungen beim Baden mit Pimmel darstellt, was, wie bereits erwähnt, Seltenheitswert im Bilderbuch hat. Beim kleinen Mädchen ist ihr das indes nicht so gut gelungen.

Ziemlich neu auf dem Markt ist *Das kleine Schmuse- und Knuddelbuch* von Catherine Dolto-Tolitch/Joelle Boucher (vgs, Köln 1989). Haben Sie Ihrem Kind schon mal einen Schmusekuß zufliegen lassen? Oder machen sie schon mal Rückenschmusen oder Augenschmusen? In diesem Buch können sich die Kinder beim Knuddeln und Schmusen wiederentdecken. Es besteht aus 12 Bildern, die auf Hartpappe gedruckt sind. Die Seiten sind abwaschbar. Das Bilderbuch ist im handlichen Kleinformat und schon für die kleinsten Kinder geeignet.

Ebenfalls als erstes Bilderbuch gedacht ist das Pappbuch *Badespaß* von W. Schmidt (Ravensburger 1989). Ich kann, und das ist auch mal erholsam, keinen pädagogischen Anspruch in diesem Buch erkennen. Es handelt eben nur davon, daß Baden in der Badewanne Spaß macht. Daß die Schwester und der Bruder dabei nackig ins warme Naß steigen, ist ebenso selbstverständlich.

Hat ihr Kind auch ein Kuscheltuch oder Schmusetier, das in be-

stimmten Situationen, aber vor allem dann, wenn es ans Trösten, zum Einschlafen oder Liebhaben geht, dabeisein muß? *Eine Rote Kuscheldecke* bekommt Julia zu ihrer Geburt geschenkt. Was sie auch unternimmt, ihre Kuscheldecke ist dabei. Julia wird älter und älter, und eines Tages, sie geht schon zur Schule, verliert sie das Rest-Stückchen der Kuscheldecke, es stört sie aber nur noch ein bißchen... Dieses Buch, in dem nun mal ein Mädchen die Hauptrolle spielt, ist von Bob Graham (Carlsen, Reinbek 1988).

Aber halt! Ob Julia nun wirklich ein Mädchen ist oder vielleicht ein versteckter Junge mit einem Mädchennamen, können die Leser(innen) nicht abschließend beurteilen. Denn auf dem Bild, wo der Vater (!) Klein Julia wickelt, ist gerade noch so ein Popo zu erkennen. Die Originalausgabe kam 1987 in London auf den Buchmarkt.

«Huch, guckt mal, da fi...», «Pinki, so etwas darf man nicht sagen», sagt Erna. «Huch, guckt mal, da fielen zwei Marienkäfer vom Himmel darf man nicht sagen? Seit wann ist denn das verboten?» fragt Pinki. Wer eines der anderen drei Bockenheim-Bücher (Die Warner, Die Erpresser, Die Punker) von Hilke Raddatz gelesen hat, wird sicherlich ganz neugierig auf ihr neues Buch sein: *Die Große Liebe von Bockenheim* (Kiel 1988). Die Comicfiguren Pinki, Erna, Ingeborg, Blacky, Gustav und Rolf machen sich auf den Weg herauszubekommen, was denn nun die große Liebe sei? Dabei gibt es dann alle möglichen Antworten, Verwicklungen, Liebeleien und vor allem jede Menge Sprüche. Ein Vorlese- und Lesebuch für Vorschul- und Schulkinder, das auch den Erwachsenen Spaß macht.

Ja, es ist ein kleiner Junge (und kein Mädchen), der die Entdeckungsreise ins Weltall zuerst unternimmt. «Morgen» erst wird die große Schwester auch die interessante Reise antreten. Und trotzdem ist *Das Badewannen-Buch* von Alfons Schweigert eines der wenigen Bücher, in dem die beiden Geschwister wie selbstverständlich nackt gezeichnet sind (Fabula, Bad Aibling 1979).

Mit dem Buch aufs Töpfchen

Ein neues Thema fürs Kinderbuch ist die «Reinlichkeitserziehung». Vielen Eltern scheint es nicht schnell genug zu gehen, wird es lästig,

hier und da einen «See» aufzuwischen. Also soll nachgeholfen werden. Diesem Zweck dient das 1988 erschienene Bilderbuch *Tonis Töpfchen*, eine geradezu «kindergefährdende» Schrift.

In einem Hinweis für Eltern, sozusagen einer Gebrauchsanweisung, geben die Verfasser sich verständnisvoll: «... zu allen Zeiten haben Kinder ihrer ‹Sauberkeitserziehung› einen gewissen Widerstand entgegengesetzt. Das gehört einfach hinzu. Druck und Strafen scheinen wenig hilfreich, wenn es darum geht, Kinder an Töpfchen und Toilette zu gewöhnen. Beides hinterläßt ungute Gefühle und schlechte Erinnerungen, ohne den Lernprozeß wesentlich beschleunigen zu können. Ein bißchen Geduld und Einfühlsamkeit hingegen, dazu etwas Gespür für den richtigen Moment, schaffen den Übergang fast mühelos.» Mit anderen Worten: Unser Kind muß sauber werden, weil es schon immer so war. Wir prügeln es nur nicht mehr zur Reinlichkeit, wir machen es mit pädagogischen Tricks. Und diese Tricks, die dann im Bilderbuch selbst angewandt werden, sind mehr als fragwürdig.

An keiner Stelle werden die Empfindungen der Kinder gegenüber ihren Ausscheidungen, die «Pippi» und «Häufchen» genannt werden, auch nur irgendwie angesprochen. Alles kreist um den «knallroten Topf», den Mutter eines Tages aus heiterem Himmel mitbringt und den das zweijährige Kind angeblich gleich «ausprobieren» will. So etwas gibt es wahrscheinlich nur in der Phantasie der Autorin. Tatsächlich lernt Klein Toni mit einigen Pannen, auf die Vater und Mutter mit Nachsicht reagieren, erst aufs Töpfchen und dann auf die Toilette zu gehen. Sie entwickelt sogar ein richtig liebevolles Verhältnis zum Töpfchen, das sie «fast überall» mit hinnimmt. Da sieht man sie dann z.B. im Auto nicht in einem Kindersitz, sondern auf dem roten Ding sitzen. Dabei schafft es die Illustratorin durch das ganze Buch hindurch auch noch, so zu zeichnen, daß kind viel erkennen kann bis auf die Ausscheidungs- und Geschlechtsorgane.

Die Titelheldin darf sich nicht freuen, daß sie keine Höschenwindeln mehr zu tragen braucht und jetzt nackt herumlaufen könnte. Nein, sie wird prompt in ein Spielhöschen gezwängt, das ihr angeblich «viel besser» gefällt. Das ganze Buch zielt auf das, was Identifikation genannt wird. Bei Tonis «Sauberkeitserziehung» läuft alles prima, sind die Eltern so zufrieden mit ihrem artig lernenden Kind. Die Kinder, die es ansehen, sollen denken: Oh, das will ich auch. Ein kleines, von den Autoren nicht bedachtes Problem könnte darin

bestehen, daß Kinder die kurzen Texte erst dann verstehen, wenn sich das Problem «Töpfchen» bei ihnen schon von selbst erledigt hat. Aber es wird wohl genug Eltern geben, die sich von dem Buch trotzdem eine Lösung eines «schwierigen Themas» versprechen.

Ganz anders dagegen: *Polly Pißpott oder: Die Suche nach dem Königlichen Nachtgeschirr* von Tony Ross (Ali Baba, Frankfurt 1986). Auf den ersten Seiten sieht es tatsächlich so aus, als ob den Kindern am Beispiel von Prinzessin Polly, die immer mit der Krone auf dem Kopf auf dem «Pißpott» sitzt, die Vorzüge des geregelten Ausscheidungswesens nahegebracht werden sollen. Text: «Also mußte die kleine Prinzessin lernen, den Pott zu benutzen.» Dann aber macht Polly mit dem Ding das, was alle vernünftigen Kinder damit machen. Sie setzt ihn sich auf den Kopf. Sie bindet ihn sich am Hintern fest und springt durch die Gegend. Schließlich ist der Pißpott verschwunden, als die Prinzessin ihn gerade braucht. Das ganze Königreich muß ihn suchen, bis er beim Admiral gefunden wird, der damit Schiffchen spielt, und er zur Prinzessin gebracht werden kann. Natürlich zu spät. Mit der Geschichte kann man Kinder glücklicherweise nicht dazu erziehen, auf den Topf zu gehen. Aber solche Kinder, die ihn schon benutzen, könnten ihren Spaß insbesondere an den hübschen Illustrationen haben. Daß Polly immer angezogen in der Geschichte herumläuft, ist allerdings ein Schönheitsfehler.

Jede Menge Aufklärungsliteratur

Je weniger Sexualität im weitesten Sinne im Bilder- und Kinderbuch als Alltagsthema auftaucht, um so sicherer scheint die Existenzgrundlage der speziellen «Aufklärungsbücher». Die wiederum praktizieren mit umgekehrten Vorzeichen das, was ich an der sonstigen Literatur kritisiert habe: Sie blenden alles aus, was nicht mit Sexualität zu tun hat. Das bestärkt unsere Kinder natürlich in der Fehlannahme, daß Sexualität etwas nicht so ganz Normales, vom sonstigen Leben Abgehobenes ist.

«Aufklärungsbroschüren» gab es schon in Zeiten, als Kinder noch mit dem Klapperstorch abgespeist wurden. Zielgruppe waren die Jugendlichen in der Pubertät. Der Inhalt entsprach der repressiven

Sexualmoral jener Zeit (eine Übersicht gibt Kentler 1970, S. 48 ff.). Das hat sich natürlich geändert. Anfang bis Mitte der siebziger Jahre waren etliche Neuerscheinungen auf diesem bis dahin unbeachteten Gebiet zu verzeichnen. Inzwischen wagen sich kaum noch Verlage mit neuen Ideen zu dieser Thematik hervor, obwohl der Bedarf für Kinderbücher zur Sexualität (trotz «Pillenknick») sicherlich noch erheblich ist. Gedeckt wird er weitgehend durch eine Reihe seit Jahren etablierter Schriften. Diese «Aufklärungsliteratur» legt Zeugnis ab über den Stand der «Sexualerziehung» hierzulande.

Sie ist weitgehend ein Kompromiß, und zwar ein fauler. Vom Anspruch her will sie Kinder sachlich über sexuelle Vorgänge aufklären. Gleichzeitig muß sie Rücksicht nehmen. Bücher, die in staatlichen Kindergärten und Schulen Eingang finden wollen, müssen auf die Gefühle und Vorbehalte prüder Eltern Rücksicht nehmen. In den Illustrationen darf es nicht zu offen zugehen, sonst schlägt der Zensor von der Bundesprüfstelle für «jugendgefährdende Schriften» zu.

So stellte 1970 allen Ernstes das Sozialministerium des Landes Rheinland-Pfalz, an dessen Spitze Staatsminister Dr. Heiner Geißler, später langjähriger Generalsekretär der CDU, stand, den Antrag, Günter Amendts «Sexfront» (das Bändchen ist inzwischen 20 Jahre alt, aber nichtsdestotrotz das beste Buch für Jugendliche zum Thema Sexualität) in die Liste der jugendgefährdenden Schriften aufzunehmen, weil es «in der Glorifizierung der Homosexualität und des Triolenverkehrs» gipfele. Ein Gutachten des damals schon renommierten Hamburger Instituts für Sexualforschung rettete das Buch vor der Verbannung unter den Ladentisch. Günter Amendt sann noch lange darüber nach, wo er in der «Sexfront» den Triolenverkehr (zwei Männer, eine Frau oder umgekehrt) verherrlicht hatte, bis er darauf kam, daß diese Behauptung nicht den Tatsachen, sondern der ohnehin im politischen Leben von Geißler verfolgten Logik entsprang: «Was man hineinliest, das kommt auch heraus!» (Amendt 1977) Schließlich hat der Mann später auch behauptet, der Pazifismus habe Auschwitz erst möglich gemacht.

Von Heiner Geißler zurück zur Aufklärungsliteratur. Die Rücksichtnahme wird vor allem in drei Punkten deutlich, die an der Mehrzahl der Bücher zu kritisieren ist.

Zum ersten verzichtet kein Buch darauf, Fortpflanzung und Geburt zu behandeln. Diese Verbindung von Sexualität mit der Fortpflanzung erzeugt den falschen Eindruck, daß das eine notwendigerweise

das andere nach sich ziehe. Dabei haben Erwachsene, wenn sie miteinander ins Bett gehen, meistens gar nicht vor, ein Kind zu zeugen. Die Verbindung von Fortpflanzung und Sexualität ist eine Art «Lebenslüge» der Aufklärungsliteratur. Die Verfasser können sich bequem zurücklehnen und erklären: «Die Kinder fragen doch früher oder später, wo sie herkommen. Mit dem Buch kann man es ihnen erklären.» Dagegen protestieren könnten dann nur noch Leute, die ihren Kindern weiter vom Klapperstorch erzählen wollen. In einer ganz anderen Situation wäre die Aufklärungsliteratur, wenn sie das Thema Fortpflanzung weglassen würde. Dann müßte es ja heißen: «Wir machen solche Bücher, um Kinder über Sexualität zu informieren.» Und dann wäre eher angreifbar als Autor, der Kinder mit Themen belästigt, die eigentlich noch nicht «dran» sind.

Dadurch, daß vorgeblich in den Büchern die Frage beantwortet werden soll, wo die Kinder herkommen, rückt natürlich die Sexualität der Erwachsenen viel zu stark in den Vordergrund. Das ist die zweite Kritik. Zwar: Kinder sind neugierig darauf, was die Eltern machen, wenn sie sich liebhaben. Das habe ich ja bereits dargestellt. Und es ist vernünftig, diese Neugier zu befriedigen. Bücher können dabei hilfreich sein. Daneben jedoch haben Kinder eigene sexuelle Empfindungen, z.B. beim Umgang mit dem eigenen Körper oder dem anderer Kinder, die von der vorliegenden Literatur überwiegend stiefmütterlich behandelt werden.

Wenn überhaupt, wird die Sexualität der Kinder kurz abgehandelt; in einigen Büchern wird eingeräumt, daß Schmusen und Kuscheln Spaß macht und auch das Spielen mit den eigenen Geschlechtsorganen. Aber dann geht es schnurstracks zu Mama und Papa ins Bett und dann ins Wochenbett.

Ein dritter Schwachpunkt der gängigen Aufklärungsliteratur ist die Behandlung der besonderen Situation von Mädchen. Daß die Gleichberechtigung der Geschlechter noch nicht durchgesetzt ist und die Sexualität hier eine erhebliche Rolle spielt, ist nicht zu bestreiten. Selbstbewußtsein bzw. das Gefühl dafür, daß jedem Mädchen sein Körper allein gehört, daß der eigene Körper zur eigenen Freude und nicht in erster Linie zur Freude und Lust der Männer da ist.

Wünschenswert wären also Bücher für Kinder über Sexualität, die diese als Quelle von Lebensfreude darstellen, kindliche sexuelle Regungen ernst nehmen, Toleranz gegenüber unterschiedlichen Formen der Sexualität fördern und schließlich auf die benachteiligte

Situation von Mädchen und Frauen eingehen. Genauso wünschenswert wären daneben Bücher über Schwangerschaft und Geburt, die sich nicht nur auf biologisch-medizinische Erklärungen zurückziehen, sondern die sozialen Bedingungen mit einbeziehen: Im kleinen das Verhältnis von Geschwistern, im großen die Vereinbarkeit von Berufstätigkeit der Frau und Kindererziehung, die Bedeutung von Empfängnisverhütung und damit noch weitergehende Probleme wie die «Bevölkerungsexplosion» -- allesamt Themen, für die Kinder zugänglich sind. Wenn schon beide Themenkomplexe in einem Buch zusammen behandelt werden, müßte wesentlich klarer als in den meisten vorliegenden Veröffentlichungen deutlich gemacht werden, daß und welche Unterschiede zwischen Sexualität und Fortpflanzung bestehen.

Meine erste Empfehlung hat im engeren Sinne nichts mit Sexualität zu tun: Lennart Nilssons «Bilddokumentation über die Entwicklung des Lebens im Mutterleib» *Ein Kind entsteht* (Mosaik-Verlag, München 1984). Das Buch liegt seit 20 Jahren vor und beschränkt sich auf die Biologie und ist für Erwachsene gemacht. Die Fotos über die Entwicklung des Kindes im Mutterleib sind jedoch hervorragend für die Information von Kindern geeignet. Eine für Kinder bearbeitete Fassung liegt zudem vor in *So kamst Du auf die Welt* (Mosaik, München 1978). Dagegen fällt alles andere ab, was in der originären Aufklärungsliteratur zu diesem Thema beigetragen wird.

Weit verbreitet ist Joachim Brauers und Gerhard Regels *Tanja und Fabian* (Gütersloher Verlagshaus 1980). Ergänzt wird das Buch durch sachlich fundierte «Hinweise für Eltern und Erzieher», die weniger den Text des Bilderbuches erläutern, sondern eher um Verständnis der Erziehenden dafür wirbt, Kinder als Wesen mit Sexualität zu akzeptieren und deren Äußerungen zu verstehen.

Das Buch behandelt kindliche Sexualität, es geht auf die Eifersucht auf das neugeborene Geschwisterkind ein, es blendet soziale Hintergründe nicht aus (Tanjas Mutter ist alleinstehend und berufstätig) und nimmt sich auch der Rollenproblematik an: Tanja spielt im Kindergarten mit der Eisenbahn und Fabian mit Puppen, Fabians Mutter hilft ihm beim Fahrradreparieren, während sein Vater den Bruder wickelt. Ohne weitere Erklärung wirken diese Passagen allerdings künstlich. Mißglückt ist die Behandlung der Erwachsenensexualität: Wie in den meisten anderen Büchern findet sie in der «Normalposition» statt: Mann oben, Frau unten, und gipfelt schließlich in der Behauptung:

«Wenn es am allerschönsten ist, fließen Samenzellen durch Vaters Glied in Mutters Scheide.» Spätestens seit Kinseys Report über die Sexualität der Frau ist bekannt, daß männlicher und weiblicher Orgasmus sehr häufig nicht in dem Moment zusammenfallen, wenn die Spermien fließen, daß Frauen generell bei dieser Form des Geschlechtsverkehrs häufig gar keine Situation erleben, in der es am «allerschönsten» ist. Diese falsche Darstellung ist allerdings in der Aufklärungsliteratur weit verbreitet.

Selbstverständlich könnte ein Aufklärungsbuch Kindern ohne komplizierte Vertiefungen über «vaginalen» und «klitoralen Orgasmus» erklären, daß es auch für Erwachsene sehr viel verschiedene Arten gibt, sexuelle Lust zu empfinden. Anknüpfungspunkte in der sexuellen Erfahrungswelt von Kindern gibt es genug: Jungen spielen mit ihrem Penis, Mädchen wissen vielfach aus praktischer Erfahrung, daß die Reizung des Kitzlers zu schönen Gefühlen führt. Eine offene Darstellung würde hier nur dazu beitragen, die Distanz zwischen kindlicher Sexualerfahrung und den Vorstellungen der Kinder über erwachsene Sexualität zu mindern, und sie würden nicht orientiert werden auf ein Ideal- oder Trugbild, das sie später bei Sexualkontakten mit dem anderen Geschlecht nicht unbedingt verwirklichen können. Im besten Fall erzeugt das Ratlosigkeit, im schlechtesten Leistungsdruck und sexuelle Minderwertigkeitsgefühle (wenn ein derart «aufgeklärtes» Mädchen z.B. später beim Geschlechtsverkehr nicht zum Orgasmus gelangen sollte).

Für die gleiche Altersgruppe und auch noch für ältere Schulkinder geeignet ist das wesentlich umfangreichere und gänzlich anders konzipierte *Zeig mal!* (Peter Hammer Verlag), das inzwischen in der 7. Auflage, ergänzt um einen Anhang zum Thema Aids, erschienen ist. Dieser ist ein zusammengestoppeltes Sammelsurium aus gesundheitsamtlichen Veröffentlichungen, die gesellschaftlichen Konsequenzen von Aids bleiben unerwähnt. Zudem wird hier völlig überflüssig der Eindruck einer realen Gefährdung von Kindern durch die Immunschwäche erweckt (denn nur eine solche würde eine herausgehobene Ergänzung erforderlich machen), während andere, sehr viel realere Risiken für Kinder wie der sexuelle Mißbrauch von Mädchen unerwähnt bleiben.

An die Eltern und Erzieher wendet sich ein hervorragendes Vorwort Helmut Kentlers über «Kindersexualität», das allerdings etwas pädagogische und psychologische Vorkenntnisse voraussetzt. Die

gleiche Zielgruppe spricht der erläuternde Text von Helga Fleisch-hauer-Hardt an. Dazwischen eingebettet ist der für Kinder gedachte, mit einem kurzen durchlaufenden Text versehene Fototeil, der im künstlerischen Sinne schön ist und an Deutlichkeit in der Darstellung sexueller Aktivitäten nichts offenläßt, ohne dabei abzustoßen. Kinder, das berichten etliche Erzieher, die mit dem Buch gearbeitet haben, schauen sich diese Bilder gern an. Die Kritik an *Zeig mal!* zielt vor allem auf zwei Punkte. Zum einen wird moniert, daß das Buch stark auf männliche Sexualität zugeschnitten ist. Eine einfache statistische Auszählung ergibt, daß das männliche Geschlechtsteil doppelt so oft ins Foto gerückt wird wie das weibliche, das dann ohnehin überwiegend in Form eines Brötchens abgelichtet ist. Gezeigt wird eine Frau, die den Penis ihres Partners küßt, die umgekehrte Variante fehlt. Die zweite, vielleicht noch gewichtigere Kritik setzt daran an, daß nur nackte Menschen gezeigt werden und in der fotografischen Darstellung jeder soziale Bezug zur Lebenssituation der sich liebenden bzw. sexuell stimulierenden Menschen ausgeblendet wird. Das Buch erzeugt damit den Anschein einer heilen sexuellen Welt.

Eher der nicht ganz so heilen Welt von Kindern widmet sich seit vielen Jahren das Theater Rote Grütze, deren Beitrag zum Thema Sexualität Ende der siebziger Jahre Aufsehen erregte: *Darüber spricht man nicht* (Weismann/Frauenbuchverlag, München 1984). Die Buchfassung ist nach wie vor eine der witzigsten und spannendsten Informationen zum Thema. Sie enthält neben dem Text des Theaterstücks im Anhang zusätzliche Informationen, Gesprächsprotokolle und Interviews, einen Beitrag von Helmut Kentler zur Sexualerziehung und Tourneeberichte, die belegen, mit welchen Behinderungen das Theater kämpfen mußte und muß, um sein Stück zu zeigen.

Im Stück selbst werden nicht nur Fragen der Fortpflanzung angesprochen, sondern auch: die Sache mit der Scham, Berührung und Küsse, Mädchen-Jungen-Verhalten und Vorurteile, Unverständnis und Übermacht der Erwachsenen, das Verhältnis zum eigenen Körper. Wichtig ist dabei, daß die Theatermacher ihr eigenes Rollenverhalten, ihre eigenen Ängste und Schwierigkeiten, «darüber» zu reden, offen benennen. Es gelingt ihnen durch vielfältige Methoden wie Musik, Mitmachspiele, Fragen, das Zeigen der Riesenpuppe usw. mit den Kindern zu spielen und zu reden und aus dem «darüber spricht man nicht» am Ende ein «es hat Spaß gemacht, darüber zu reden» werden zu lassen.

Die ersten Aufklärungsbücher auf dem deutschen Markt jedoch – nach dem völlig mißglückten Versuch eines «Sexualkunde-Atlasses», nach der damaligen Gesundheitsministerin auch «Strobelpeter» genannt – stammen aus Skandinavien, beginnend mit der Broschüre *Samspel*, die nicht mehr zu haben ist. Verfügbar bzw. als Neuauflage in Aussicht gestellt sind noch die von Bent H. Claesson verfaßten «Sexualinformationen» für Kinder und Jugendliche. *Vom lieben und vom kinderkriegen* (Neue Kritik, Frankfurt 1979) ist beliebt bei Eltern und Erziehern, die antiautoritären und alternativen Erziehungskonzepten anhängen. Hauptthema des Buches ist das Kinderkriegen. Die biologischen Vorgänge werden für Kinder verständlich erklärt, genauso wie die mit dem Thema zusammenhängenden sozialen Fragen (Familien mit alleinstehender Mutter und Familien mit zwei Elternteilen, Empfängnisverhütung usw.). Die Darstellung der erwachsenen Sexualität ist wesentlich differenzierter und wissenschaftlich korrekter als bei «Tanja und Fabian». Es wird deutlich herausgestellt, daß Sexualität nur in den seltensten Fällen auch Fortpflanzung nach sich zieht. Als etwas problematisch wird manchem Erwachsenen die Wortwahl des Buches erscheinen (z.B. «bumsen», «vögeln» u.ä.). «Vulgärausdrücke» verbreiten sich aber spätestens auf den Schulhöfen von selbst, so daß anzunehmen ist, daß der Autor in einer Sprache schreibt, die zumindest Schulkinder gebrauchen.

Ebenfalls Anfang der siebziger Jahre in Dänemark erschienen ist *Wie Vater und Mutter ein Kind bekommen* (Quelle und Meyer, Heidelberg 1985) von Per Holm Knudsen, das in der Bundesrepublik inzwischen in der siebten Auflage vorliegt. Es ist ein Bilderbuch, das Vorschulkinder anspricht; für die vorlesenden Erwachsenen ist ein Begleitheft beigefügt, das sowohl Argumente für eine frühe Sexualaufklärung vorträgt (um die Eltern zu überzeugen) als auch Methode und Inhalte des Buches erläutert. Das Bilderbuch selbst beschränkt sich ausschließlich auf die Beantwortung der Frage, wie Kinder gezeugt werden und entstehen. Völlig außen vor bleibt die eigene sexuelle Erfahrungswelt der Kinder.

Skandinavischen Ursprungs ist auch das mit dem Deutschen Jugendbuchpreis ausgezeichnete *Peter, Ida und Minimum* (Otto Maier, Ravensburg). Das «Vorwort für die Eltern» erklärt nur einzelne Absichten der Autoren; es schließt mit dem überflüssigen Warnhinweis, das Buch solle zuerst zusammen mit einem Erwachsenen gelesen werden. Darüber kann man streiten. Der für Kinder geschriebene und

gezeichnete Teil des Buches hat den Preis sicher zu Recht bekommen. Aufgebaut ist er als Comic. Ausgangspunkt ist die Schwangerschaft von Peters und Idas Mutter, daran angeknüpft wird die Darstellung von Grundtatsachen der menschlichen Sexualität, um dann «Minimums» Entwicklung bis zur Geburt darzustellen. Die Gefühle der Kinder kommen nicht zu kurz, angesprochen werden desgleichen unterschiedliche Familienformen (Peter und Ida kommen aus einer «vollständigen Familie»). Insgesamt ist der Umfang an Informationen zur menschlichen Sexualität, die das Heft auf 48 Seiten mit großen Bildern bringen kann, natürlich beschränkt. Die Illustrationen sind hübsch und kindgerecht.

Mit wenigen Bildern und viel Text arbeitet demgegenüber *Wie ist das, wenn man größer wird?* (Überreuter,Wien 1988). Im Text versuchen die Autoren eine Unmenge von sicherlich wichtigen Informationen hineinzustopfen, wobei noch auf wissenschaftliches Fachvokabular Wert gelegt wird. Unter Umständen begrenzt die Menge der Informationen auch schließlich das Interesse der Kinder, zumal es sich nicht um eine besonders spannende Geschichte handelt. Die Stärke des Buches liegt in seiner Sicht aus der Perspektive des (Schul-)Kindes. Dabei werden die Kinder ausdrücklich ermuntert, ihren Körper zu entdecken, sich sexuell zu stimulieren u.ä.

Wachsen und Erwachsenwerden (Otto Maier, Ravensburg 1987) wendet sich auch an Schulkinder und ist als eine Art Nachschlagewerk aufgemacht. Nach Beiträgen über das Wachstum von Kindern und die Veränderungen in der Pubertät folgt ein Abschnitt über «Sex», der mit vier Seiten vergleichsweise kurz geraten ist. Umfassend werden die verschiedenen Mittel zur Empfängnisverhütung angesprochen, um unvermittelt überzugehen zu Beiträgen über «gesunde Ernährung», «Sport», «Drogen» und «Sauberkeit». Etwas kürzer geraten ist dann der zweite Teil, der die Entwicklung eines Kindes im Mutterleib von der Zeugung bis zu «Tips für Babysitter» darstellt. Das Buch wird Kinder ansprechen, die sich für praktische Ratgeber interessieren. Die soziale Komponente des Sexuallebens kommt jedoch deutlich zu kurz.

Von Martin Furian stammt das *Buch vom Liebhaben* (Quelle und Meyer, Heidelberg 1987). Körperlich findet das aber, folgt man dem Autor, nur bei Erwachsenen statt. Entsprechend ist das Buch in zwei Abschnitte unterteilt: Zunächst geht es ums Liebhaben bei Kindern. Dazu gehört u.a. «Kuscheln und Streicheln» , «Helfen und Beschützen», «Rücksicht und Verantwortung», «Spielen und Spaßhaben»,

«Teilen und Verzichten» sowie andere wünschenswerte Tugenden, die kind erst erlernen muß, um vorzudringen zum «ganz großen Liebhaben von Mann und Frau». Aber auch dabei gilt es, Hürden zu überwinden. «Die meisten Mädchen und Frauen begegnen irgendwann einem Mann, und die meisten Jungen oder Männer einer Frau, die sie so sehr liebhaben, daß sie immer zusammenbleiben wollen.» Dann kommt das «Petting» und der Wunsch, ein Körper zu sein, und dann «steckt der Mann sein Glied in die Scheide der Frau, die ihm dabei hilft». Die dazugehörige Zeichnung ist typisch für dieses Buch. Sie zeigt einen Mann, dessen Gesicht man nicht sieht, auf einer Frau liegend, wobei allerdings erwähnt wird, daß es auch schon einmal andersherum möglich sein kann. Zur Masturbation wird ermunternd gesagt, es sei ein schönes Gefühl und «auch nicht schlimm, wenn man es tut». Aber «Onanieren hat noch nichts mit Liebhaben zu tun», denn dazu gehört ein Partner. Daß Kinder auch den eigenen Körper liebhaben können, wird als Möglichkeit nicht in Betracht gezogen.

Besonders die schematischen Darstellungen, in denen diverse Schläuche im Niemandsland enden, und die vielen moralischen Grundsätze, die mit erhobenem Zeigefinger aufgestellt werden, machen das Buch zu einer wenig erbaulichen Lektüre.

Wesentlich gelungener: *Das ist noch nichts für dich!* von Barbara Kremer-Rosenbecker und Ellen Hoffmann (Jugend und Politik, Frankfurt 1981). Einige Kapitel dieses Buches (z.B. über Homosexualität und Lesben, über Sex-Shops) sind für Jugendliche geschrieben, andere Teile aber sicher auch für «neugierige Kinder», ab fünf Jahren, geeignet. Es ist eine gelungene Mischung der vielfältigen Bereiche kindlicher Sexualität. Mit witzigen Fotos, Zeichnungen, Sprüchen, Bilderserien von Rollenspielen usw. und einem insgesamt phantasiereichen Layout wird die Neugier der Kinder mal nicht bierernst, sondern heiter befriedigt. Mit einer mehrseitigen Bildergeschichte wird bewiesen, daß auch das Thema «Geburt» nicht durch schematische Darstellungen der Geschlechtsorgane und Geburtskanäle behandelt werden muß (was für kleine Kinder in der Regel ohnehin nichts aussagt).

Die Stiftung Warentest empfiehlt in ihrem Heft 10/88 das Buch *Mädchen* von Fränze Krauch und Antje Kunstmann, erschienen im Frauenbuchverlag für Leser (!) und Leserinnen ab 12 Jahre. Ich kenne kaum ein Buch, das z.B. Homosexualität in Form einer Geschichte so anschaulich und nachvollziehbar beschreibt. Also, wenn der neunjäh-

rige Sohn oder die achtjährige Tochter fragt, was ist eigentlich «Schwulsein», dann sollte man dieses Buch zur Hand haben und die Geschichte «Andersrum» vorlesen. Ebenso sind einige andere Geschichten auch für jüngere Kinder geeignet, z.B. die, die von den Schwierigkeiten des Kennenlernens berichten oder von der ersten Mädchenliebe. Genauso scheint mir die sachliche Aufklärung über die einzelnen Körperfunktionen auch für jüngere Kinder geeignet. Ansonsten spricht das Buch Themen wie «Sexualität und Gewalt», § 218, «Kinderkriegegedanken», Verhütungsmittel, «das erste Mal» u.a. an. Die Sprache und der Stil der Schreiberinnen wird sicherlich Kinder und Jugendliche ansprechen. Jedoch wären zum Selberlesen ein größeres Schriftbild und mehr Fotos und Illustrationen noch motivierender.

Neben Amendts *Sexfront* (inzwischen erweiterte Fassung, rororo-Taschenbuch 1989) ist das Buch für ältere Kinder, insbesondere Mädchen erste Wahl, wenn Sie denn Ihren Nachwuchs mit «Aufklärungsliteratur» beglücken wollen.

Hingewiesen werden soll schließlich noch auf ein Buch, das dem Titel nach ein Aufklärungsbuch sein müßte: *Mäxchen oder wie ein Max entsteht* (Spectrum und Otto Maier, Ravensburg). Es ist aber keins, zumindest nicht im engeren Sinn, sondern der Bericht eines Fünfjährigen über den anstrengenden Alltag mit seinen Eltern. Mäxchen wird die Frage nach einem Geschwisterkind mit dem Hinweis beantwortet, das sei finanziell gar nicht drin und außerdem genüge er den Eltern vollkommen. Als sonntagmorgendlicher Frühaufsteher besichtigt er im Wohnzimmer die Hinterlassenschaft des sexuellen Zusammentreffens seiner Eltern vom Vorabend. Auf der Karnevalsfete muß er ins Bett, schläft aber nicht und bekommt deswegen genau mit, was Papa in seinem Zimmer mit Tante Barbara treibt. Henning Venske erzählt das Ganze so witzig, daß für derlei Humor aufgeschlossene Eltern und (Schul-)Kinder herzlich darüber lachen können.

Was hat das mit dem Thema «Sexualaufklärung» zu tun? Eine ganze Menge. Früher war es einer der ernstesten Momente im Leben eines Vaters oder einer Mutter, zur Aufklärung des Sohnes oder der Tochter zu schreiten. Auch die moderne Aufklärungsliteratur zeichnet sich durch große Ernsthaftigkeit aus. Da ist es schon erfrischend, wenn Kinderbücher die vermeintliche erwachsene Überlegenheit einmal humorvoll erschüttern. Wer also das Kapitel nicht zu ernst angehen will, sei auf dieses Buch als kleine Ergänzung hingewiesen.

Fazit: Eltern und Erzieher werden *das* Aufklärungsbuch, mit dem sie das Thema Sexualaufklärung «abhaken» können, nicht finden. Das ist gut so; denn es ist das Besondere und Herausfordernde am Leben mit Kindern, daß es auf ihre Fragen keine «bequemen» Antworten gibt. Gleichwohl ist das Angebot nicht zufriedenstellend. Autoren und Verlage sollten sich nicht scheuen, den einen oder anderen neuen Anlauf zu unternehmen. Denn Kinder, die sich für Sex interessieren, wird es auch künftig geben. Wer das nicht glaubt, dem fehlt die Sexualaufklärung.

Kapitel 9

Sexueller Mißbrauch von Mädchen

Die große Tochter meines Freundes Paul ist mir bei diesem Buch eine gute Gesprächspartnerin. Auch zu dem Thema, das ich jetzt ansprechen will, hatte ich ein Gespräch mit Franziska: «Hat sexuell schon mal jemand was mit dir gemacht, obwohl du es nicht wolltest?» «Ja, das weißt du doch, der Junge, der mich im Schwimmbad einfach in die Muschi gegrapscht hat, und wo wir hinterher beim Anwalt waren.»

«Gibt es da noch andere Dinge, z.B., daß dich jemand geküßt hat, was du eigentlich nicht wolltest?» «Ja, das macht Peter in der Schulpause manchmal, und dann scheuer ich ihm ordentlich eine runter, und einmal habe ich das auch schon im Klassenrat besprochen. Am besten hilft aber, wenn ich ihn verhaue.»

«Prima» (meine ganzen Ideale von einer Erziehung zur Friedfertigkeit werfe ich in diesem Augenblick über Bord, o je). «Und wie ist es umgedreht, bist du schon mal gezwungen worden, jemanden gegen deinen Willen zu küssen?»

«Ja, Tante Roswitha, die ist immer so aufdringlich, und auch jedesmal, wenn wir zu Onkel Franz fahren, muß ich ihm zur Begrüßung und zum Abschied einen Kuß geben, obwohl er doch so unrasiert ist, und das kitzelt dann immer so.»

«Und warum küßt du sie dann doch jedesmal?»

«Weiß ich nicht. Eigentlich brauche ich das ja nicht zu machen, wenn ich es gar nicht will.»

«Ja richtig. Du machst ja in anderen Dingen auch immer nur das, was du willst. Dein dicker Kopf ist ja schon fast stadtbekannt.»

«Quatsch, du spinnst...»

Bei diesem letzten Beispiel war ich doch sehr überrascht. Der Onkel Franz ist ein herzensguter Mensch. Wir haben ihn in den letzten Ferien auf seinem Bauernhof gemeinsam besucht. Ich hatte den Eindruck, daß er für Franziska alles tun würde.

Und mir ist nie aufgefallen, daß Franziska ihn «gezwungenermaßen» liebkost. Sie liebte doch ihren Onkel Franz über alles. Erst recht würde er ihr nie etwas zuleide tun. Dessen bin ich mir absolut sicher. Aber ein Küßchen auf Kommando braucht sie auch ihm nicht zu geben. Das werde ich ihm demnächst erklären.

An den Fall im Schwimmbad erinnere ich mich noch ganz genau. Vor einem Jahr grapschte ihr ein (wie sich später herausstellte) sechzehnjähriger Junge während des Wellengangs immer in ihre Muschi. Da recht starker Wellengang war, dauerte es einige Zeit, bis sie aus dem Wasser gelangte. In der Zwischenzeit vergriff sich der Junge an ihrer Freundin. Auch die versuchte, das flache Wasser zu erreichen. Die beiden Mädchen erzählten sich von dem Geschehen und gingen dann zu Paul. Zusammen beschlossen sie dann, zum Bademeister zu gehen. Der Junge wurde aus dem Wasser geholt und seine Personalien festgehalten.

Etwas bedrückt kam Franziska zu uns, und sie erzählte mir die Geschichte und beklagte sich über Schmerzen in der Vagina. Als wir alles begutachtet und eingerieben hatten, beratschlagten wir, ob wir den Fall nun so belassen sollten. Franziska hatte das Gefühl, daß etwas mit ihr geschehen ist, gegen das sie sich nicht wehren konnte. Wir wollten ihr aber vermitteln, daß sie sich nicht in dieses Schicksal ergeben muß.

Es gab Möglichkeiten, auch jetzt noch zu handeln. Als erstes ging Paul mit ihr am nächsten Tag zum Arzt. Der stellte ein Attest aus. Dann verabredeten sie sich mit ihrer Freundin, und beide gingen zu einem mit uns befreundeten Rechtsanwalt, der sich der Sache annahm und Strafanzeige wegen «sexuellen Mißbrauchs von Kindern» erstattete. Das ist ein Straftatbestand aus dem Abschnitt «Straftaten gegen die sexuelle Selbstbestimmung» im Strafgesetzbuch, zu dem es heißt: «Wer sexuelle Handlungen an einer Person unter vierzehn Jahren

(Kind) vornimmt oder an sich von dem Kind vornehmen läßt, wird mit Freiheitsstrafe von sechs Monaten bis zu zehn Jahren, in minder schweren Fällen mit Freiheitsstrafe bis zu fünf Jahren oder mit Geldstrafe bestraft» (§ 176 Strafgesetzbuch).

Der Rechtsanwalt konnte, so ist es gesetzlich vorgesehen, Einsicht in die Akten über die dann folgenden Ermittlungen der Polizei nehmen. Es stellte sich heraus, daß der junge Mann in mehreren Fällen Mädchen gegen ihren Willen an die Geschlechtsteile gefaßt hatte. Er war deswegen bereits in Behandlung bei einem Psychotherapeuten. Aus diesem Grund zogen Paul und Franziska die Strafanzeige später zurück. Bezeichnend jedoch war auch in diesem Ermittlungsverfahren, daß die Polizei etliche der Mädchen, die der Junge angegrapscht hatte, detailliert befragte, jedoch auf eine Vernehmung des «Täters» selbst verzichtete, um dessen Therapie nicht zu gefährden. Hier spiegelte sich für mich im kleinen wider, was ich sonst immer nur in Berichten über Prozesse wegen Vergewaltigungen gelesen habe: Die Opfer werden mit weniger Rücksicht behandelt als die Vergewaltiger.

Franziska sagt heute, sie habe sich gewehrt, «zwar nicht alleine, aber mit ihrem Anwalt zusammen». Das hätte Paul im übrigen beinahe auch noch Geld gekostet, denn die Rechtsschutzversicherung wollte die Kosten des Anwalts nicht zahlen, da er die Anzeige zurückgezogen hatte. Und der Junge, der dafür verantwortlich war, bzw. seine Eltern konnten auch nicht zur Kasse gebeten werden, weil es zu keiner Verurteilung gekommen war.

Franziska wurde von einem ihr völlig unbekannten Mann sexuell angegriffen. Bis vor ein paar Jahren galt das als die Hauptgefahr für junge Mädchen. 1976 z.B. verteilte die Polizei in der ganzen Bundesrepublik eine Broschüre «Hab keine Angst», in der Mädchen vor «Exhibitionisten» (Männer, die dadurch sexuelle Befriedigung erlangen, daß sie Frauen/Mädchen ihr Geschlechtsteil zeigen) hinter Sträuchern im Park oder Schwimmbad gewarnt wurden oder davor, bei Fremden, die «mal eben den Weg gezeigt haben wollen», ins Auto zu steigen. Diese Broschüre ist zu Recht heftig kritisiert worden, weil ihr «pädagogisches Konzept» weniger in Aufklärung bestand als darin, den Kindern einen fürchterlichen Schrecken einzujagen. Was noch viel schlimmer war: Mit der Warnung vor dem «bösen, fremden Mann» lenkte sie davon ab, daß die Täter beim sexuellen Mißbrauch von Kindern in den seltensten Fällen Fremde sind, sondern Väter, Verwandte und Bekannte.

Das Schweigen um dieses «bestgehütete Geheimnis» (Florence Rush) wurde zum erstenmal Anfang der achtziger Jahre in den USA gebrochen. In der Bundesrepublik erschien dann nach einigen amerikanischen Untersuchungen 1984 Barbara Kavemanns und Ingrid Lohstöters Buch unter dem provozierenden, aber leider oft zutreffenden Titel «Väter als Täter». Seitdem erschien eine ganze Reihe von Veröffentlichungen zu diesem Thema. Damit ist der sexuelle Mißbrauch von Kindern, insbesondere Mädchen, auch hierzulande ins Bewußtsein einer breiteren Öffentlichkeit gedrungen.

Schätzungen gehen davon aus, daß 300000 Kinder, davon mindestens 250000 Mädchen, pro Jahr in der BRD sexuell bedrängt, belästigt oder vergewaltigt werden. Das bedeutet, alle zwei Minuten wird ein Mädchen sexuell mißbraucht. Die erzwungenen sexuellen Handlungen beginnen oftmals bereits im frühen Schulalter, in vielen Fällen dauert der Mißbrauch über Jahre an, die Männer dringen mit ihrem Geschlechtsteil bei Mädchen, die noch nicht einmal die Pubertät erreicht haben, in die Scheide und andere Körperöffnungen ein.

Für die Täter ist das Risiko begrenzt. Kavemann/Lohstöter berufen sich auf eine Reihe von repräsentativen Untersuchungen, aus denen hervorgeht, daß von 20 sexuellen Straftaten an Mädchen nur eine einzige der Polizei angezeigt wird. Auch nachdem das Thema «sexueller Mißbrauch» in die öffentliche Diskussion geraten ist, hat sich daran wohl nichts geändert. Während 1982 noch 12300 solcher Straftaten zumindest angezeigt wurden, ist die Zahl seit 1984 nahezu unverändert bei etwa 10500 im Jahr geblieben, obwohl kaum ein Anlaß für die Annahme vorliegt, daß weniger Kinder sexuell angegriffen werden. Die Zahl der Verurteilungen nach dem oben im Zusammenhang mit dem Erlebnis von Franziska zitierten Paragraphen ist sogar von etwa 1600 im Jahre 1983 auf 1400 im Jahre 1986 zurückgegangen (alle Zahlen: Statistische Jahrbücher 1984-1988, Abschnitt 15).

Auf jeden Fall kann als gesicherte Erkenntnis gelten – und deswegen ist Franziskas oben geschilderte Erfahrung nicht typisch –, daß drei Viertel aller Täter Nachbarn, Bekannte, ja gar auch Verwandte, Väter, Stiefväter oder Brüder sind. Aus dieser Nähe erklärt sich vielleicht auch, daß in über 70 % der Fälle keine direkte körperliche Gewalt angewendet wird, um das Kind zu mißbrauchen. Die Täter nutzen ihre Macht als Erwachsene dem Kind gegenüber aus. Das Kind ist dem Täter ausgeliefert, er ist ihm vertraut, und am Anfang stehen kleine Intimitäten. Oft schweigt das Kind aus Angst und Scham.

In den Fällen, in denen es dann doch zu einer Entdeckung des Mißbrauchs und eventuell gar zu einer Anzeige kommt, bemängeln die obengenannten Autorinnen, die als Rechtsanwältinnen junge Mädchen und Frauen in einer Reihe von Prozessen selbst verteidigt haben, die juristische Praxis: «Bei Vergewaltigungsverfahren ... ist die Freispruchsrate mit 16% die höchste von allen Straftaten überhaupt. Im Jahre 1980, in dem in der BRD und West-Berlin der Mißbrauch von 15871 Kindern zu Anzeige kam, wurden 1514 Männer verurteilt, davon 387 zu einer Geldstrafe und 1127 zu einer Freiheitsstrafe. Von diesen wurden knapp zwei Drittel zur Bewährung ausgesetzt.»

Die Autorinnen kommen zu dem Schluß: «Gerade im Hinblick darauf, daß der sexuelle Mißbrauch in der Mehrzahl der Fälle kein einmaliger Fall, sondern ein Wiederholungsdelikt ist, das gewöhnlich über Monate und Jahre unter Drohungen, Gewaltanwendung und Ausnutzung eines Abhängigkeitsverhältnisses fortgesetzt wird, ist die ‹Milde› der Gerichte etwa im Vergleich zu Eigentumsdelikten wohl kaum zu übersehen.»

Ursachen sexuellen Mißbrauchs

Auch Jungen können Opfer sexuellen Mißbrauchs werden. Weit überwiegend trifft es jedoch Mädchen. Das hat sicherlich seine Ursache im traditionellen Verhältnis zwischen Männern und Frauen. Die Männer, die sich ihr vermeintliches «Recht» bei Mädchen aus ihrem Lebensumkreis nehmen, sind in der Regel «ganz normale Familienväter». Es gibt sie in allen Bevölkerungsschichten: den gutverdienenden Arzt und Rechtsanwalt, den Arbeitslosen, den Hilfs- und Facharbeiter, den kleinen und leitenden Angestellten, den Pfarrer und den Politiker.

Mehr über das, was in den Köpfen dieser normalen Männer vorgeht, als viele Untersuchungen sagen die Ausreden oder Erklärungen von Männern aus, die beim sexuellen Mißbrauch erwischt worden sind. Da heißt es dann z.B., die eigene Frau habe keine Lust mehr gehabt, mit dem Mann zu schlafen, es habe sich ein «sexueller Notstand» aufgebaut, in dem man sich eben an der Stieftochter vergriffen habe. Oder es ist die Rede davon, daß die kleine «Lolita» so aufreizend

in T-Shirt und Tanga durch die Wohnung gelaufen ist, daß es einfach «über ihn» gekommen ist. Wie abwegig diese Schutzbehauptungen sind, kann frau sich erschließen, wenn sie das Ganze einmal umdreht. Welche Frau, die es langweilig findet, mit ihrem Mann alle drei Tage in der «Missionarsstellung» Geschlechtsverkehr zu haben, ohne daß es ihr irgendein Vergnügen bereitet, kommt auf die Idee, ihren Sohn, Stiefsohn, den Nachbarjungen mit Versprechungen, Drohungen o.ä. in ihr Bett zu zwingen? Wo ist die Frau, die mit der Erklärung: «In seinen engen Jeans zeichnete sich sein Glied so schön ab!» begründet, daß sie ihren Neffen ausgezogen und ihm den Pimmel gestreichelt hat, ohne ihn zu fragen, ob er dazu denn Lust hat.

Leider viel zu viele Mütter bringen Verständnis für diese Ausreden auf. Zunächst einmal wehren sie sich nach dem Motto, daß nicht sein kann, was nicht sein darf. Der Tochter wird einfach nicht geglaubt. Es wird ihr unterstellt, sie wolle sich wichtig machen, dem belasteten Täter «eins auswischen», oder die Phantasie sei mit ihr durchgegangen. Dann gibt es zahlreiche Fälle, in denen sich, wenn denn das Verhältnis des Stiefvaters zur Stieftochter «entdeckt» wird, die Wut der Mutter gegen die «Nebenbuhlerin» und nicht gegen den Mann wendet. Hinzu kommt bei der Vertuschung solcher Delikte natürlich auch die bange und berechtigte Frage, was mit der Familie passiert, wenn der Mann (oder Onkel Erwin) wegen sexuellen Mißbrauchs angezeigt wird.

In einer Gesellschaft, in der das Recht der Frau auf sexuelle Selbstbestimmung nicht selbstverständlich ist, werden Frauen vergewaltigt und eben auch Mädchen mißbraucht. So schlimm, so schlecht. Ich meine jedoch, daß bei der Ursachensuche noch ein Aspekt hinzugefügt werden muß.

In einer Diskussion zum Thema habe ich einmal provozierend die These vertreten: «Wer seine Tochter schlägt, der vergewaltigt sie auch!» und bin dabei auf heftigen Widerspruch gestoßen. Ich will diese These erklären.

Männer, die nach Rechtfertigungen für den Mißbrauch ihrer Töchter befragt werden, äußern oft Ansichten wie: «Meine Tochter gehört mir.», «In meiner Familie kann ich machen, was ich will». Tatsächlich galten über lange Zeit Frauen als «Eigentum» ihrer Männer, Kinder als «Eigentum» der Eltern. Und mit seinem Eigentum kann man weitgehend umgehen, wie es einem paßt. Gerade in Deutschland, aber z.B. auch in England gibt es eine lange Tradition der harten, autoritären

Wie sag ich's denn ...

... meinem Kind, wenn es mich mit Fragen löchert? Wie erkläre ich ihm die Dinge, die es wissen möchte und wissen muß, um im Leben zu bestehen? Wie vermittle ich ihm auch heikle Probleme, die selbst uns Erwachsenen Schwierigkeiten machen?

Dies Buch gibt Antworten und hilft, scheinbar Unerklärbares verständlich zu machen.

Über den Umgang mit Geld wird man allerdings kaum etwas finden. Den begreifen die Kinder selbst sehr schnell, wenn sie über eigenes Taschengeld verfügen. Daß aber Sparen eine feine Sache ist, kann man ihnen schon frühzeitig vermitteln.

Pfandbrief und Kommunalobligation

Meistgekaufte deutsche Wertpapiere - hoher Zinsertrag - bei allen Banken und Sparkassen

 **Verbriefte Sicherheit**

Erziehung, in der die Gewalt, insbesondere Prügel, eines der gängigsten Erziehungsmittel ist. Der überwiegende Teil meiner Generation, die Eltern von heute, haben sicherlich noch Erfahrungen mit dem Teppichklopfer oder dem Rohrstock gemacht.

Gewalt in der Erziehung ist sogar gesetzlich zugelassen. Bis 1980 sprach das Bürgerliche Gesetzbuch noch davon, daß Kinder der «elterlichen Gewalt» unterliegen; seitdem heißt es dort «elterliche Sorge». Den Eltern wird nach wie vor das Recht eingeräumt, ihre Kinder auch mit gewaltsamen Methoden zu «erziehen», lediglich eingeschränkt durch die Gesetzesbestimmung, nach der «entwürdigende Erziehungsmaßnahmen unzulässig» sind (§ 1631 BGB).

Zum einen machen sich dort häufig Frustration oder Ärger Luft, die sonst im Alltag, z.B. am Arbeitsplatz, nicht abgelassen werden können und die sich dann zu Hause gegen die Schwächeren wenden. Es gibt den Ihnen vielleicht bekannten Spruch: Der Vater schlägt die Mutter, Mutter schlägt das ältere Kind, das haut die kleine Schwester, und die tritt dann dem Hund auf den Schwanz, der seinerseits die Katze beißt. Oft ist es allerdings so, daß der Vater Mutter und Kinder verhaut und den Hund verhätschelt. Der Erziehungswissenschaftler Reinhart Wolff, der als einer der ersten in der Bundesrepublik das Problem «Gewalt gegen Kinder» in die Diskussion gebracht hat, weist darauf hin, daß für solche «Frustreaktionen» ungünstige soziale Verhältnisse von besonderer Bedeutung sind (Arbeitsgruppe Kinderschutz 1975, S. 34 ff.).

Zum zweiten haben Eltern eben selbst die Erfahrung gemacht, daß Gewalt ein geeignetes Mittel ist, Ziele durchzusetzen. Politiker von Chile über Südafrika bis nach Peking führen es ja täglich in den Nachrichten vor, und auch die Bundesrepublik ist kein Hort von Friedfertigkeit. Dazu ebenfalls Reinhart Wolff:

«Ihre Erfahrung hat Generationen auf Generationen für die gewaltsame Beeinträchtigung von Kindern desensibilisiert, blind gemacht. Denn Gewalt in den zwischenmenschlichen Beziehungen ist die Regel, die die Erwachsenen selbst leidvoll erfahren haben, von der sie auch gelernt haben, daß sie ein sehr brauchbares Mittel darstellt, um Macht zu sichern, und sei es nur ein bißchen Macht über die eigene Frau, das eigene Kind...»(Arbeitsgruppe Kinderschutz, S. 34)

Begünstigt wird das Bedürfnis, «ein bißchen Macht» auszutoben bzw. «Dampf abzulassen» bei der Gewalt in der Familie, dann auch durch Faktoren wie die legale Droge Alkohol.

Die Tatsache, daß Gewalt gegen Kinder nicht nur bei kleinen Leuten, sondern auch in «besseren Kreisen» anzutreffen ist, ist sicherlich auf deren konservatives und autoritätsgeprägtes Weltbild zurückzuführen. Da wird kein Dampf abgelassen, sondern kommt pädagogische Überzeugung zum Ausdruck.

Wer sein Kind als sein Eigentum betrachtet, wer es für selbstverständlich hält, Kindern seinen Willen durch Gewalt aufzuzwingen, für den ist der Schritt zum sexuellen Mißbrauch sehr kurz. Bisweilen kommen beide Dinge auch zusammen, wie im Fall eines prominenten Berliner Politikers: «Nach festen Ritualen und einem eigenen Familienstrafrecht, das er festlegte, wurden die Kinder mit genau abgezählten Schlägen gestraft. Er schlug immer auf das nackte Gesäß, das er vorher streichelte, und cremte anschließend ihre Striemen und Blutergüsse mit Salbe ein. Die Töchter mußten ihn abseifen, wenn er in der Badewanne saß, und sich in seiner Gegenwart nackt waschen, wobei er Arien pfiff und im Takt auf ihr Gesäß klatschte» (Kavemann/ Lohstöter 1984, S. 119).

Unter Erwachsenen nennt man so etwas «sadistische Sexualpraktiken», d.h. die Erzielung von sexuellem Lustgewinn dadurch, daß der Mann eine Frau schlägt. Gegenüber seinen Töchtern bzw. Pflegetöchtern war der Mann sich keiner Schuld bewußt, hielt das Ganze für «normale Erziehungsmethoden». Tatsächlich entschuldigen ertappte Erwachsene manchmal sexuellen Mißbrauch als sexuelle Erziehung. Da heißt es dann, ein erfahrener älterer Mann könne eben eine Vierzehnjährige wesentlich besser in die Geheimnisse der körperlichen Liebe einweihen als ein gleichaltriger Junge, der selbst noch nicht so recht weiß, wie «mann es macht».

Eine vielleicht nicht unerhebliche, aber doch ungeklärte Rolle spielt schließlich die zunehmende Vermarktung der weiblichen Sexualität, besser: der Frau als Sexualobjekt. Zwar ist es in der Bundesrepublik z.B. verboten, pornographische Darstellungen über den sexuellen Mißbrauch von Kindern zu verbreiten. Den entsprechenden «grauen Markt» gibt es jedoch, und in den seriösen Videotheken finden sich durchaus Titel mit auf «jugendlich» oder «kindlich» herausgeputzten Darstellerinnen. Auf jeden Fall hat diese Industrie das Bild der jederzeitigen Verfügbarkeit der Frau gestärkt. Die einfache Gleichung, Sexindustrie führt zur Gewalt gegen Frauen, klingt gut, ist aber falsch. Darauf komme ich in anderem Zusammenhang zurück.

Aus der Tatsache, daß die Täter ganz normale Männer sind und in

ihren Taten sexuelle Frustrationen zum Vorschein kommen, ist vereinzelt gefordert worden, daß Strafe wenig nützt, mehr noch: daß diese Männer auch Opfer sind, Opfer einer «sexuellen Verelendung» in der Gesellschaft, Opfer der «Männerrolle». Argumentiert wird scheinbar logisch: Vergewaltigung und Mißbrauch sind Ausdruck einer Männerkultur, erwischt werden nur diejenigen, die zu weit gehen oder Pech haben, es kommt darauf an, die Männer insgesamt zu verändern (Tügel/Heilemann 1987).

Nun kann man sich in der Tat streiten, ob eine mehrjährige Haftstrafe einen Vergewaltiger auf den «Pfad der Tugend» zurückführt oder ob sich in Gefängnissen nicht Frauenverachtung noch auflädt. Sicherlich ist es auch problematisch, Familien dadurch in materielle Nöte zu stürzen, daß derjenige, der zum Lebensunterhalt wesentlich beigetragen hat, aus dem Verkehr gezogen wird. Trotzdem halte ich den Ansatz, die Männer auch als «Opfer» zu betrachten, denen frau am besten helfen kann, indem sie ihnen zu einem anderen Verständnis für Frauen und Sexualität verhilft, für falsch. Das sollte meinetwegen ausgebildeten Therapeut(inn)en überlassen werden, aber nicht als spezielle Aufgabe emanzipierter Frauen verstanden werden. Für die gibt es wahrlich Wichtigeres zu tun, z.B. bei der Hilfe für die tatsächlichen Opfer.

Schutz vor sexuellem Mißbrauch

In der Diskussion darüber, wie Kinder, insbesondere natürlich Mädchen, vor sexuellem Mißbrauch zu schützen sind, wird inzwischen sehr häufig das Kind mit dem Bade ausgeschüttet.

Natürlich ist es richtig, Mädchen Verhaltensvorschläge für den Umgang mit Fremden zu machen. Genauso richtig ist es, ihnen deutlich zu machen, daß mädchen Männern, die es kennt und gern mag, keine Wünsche erfüllen sollte, die mädchen nicht erfüllen möchte. So weit, so richtig.

Aber: Bei der Diskussion um den sexuellen Mißbrauch erinnert mich vieles an unerfreuliche Elemente der Aids-Debatte. Seitdem es Aids gibt, gibt es wieder Gründe, den Menschen zu empfehlen, möglichst nur mit einem Partner zu schlafen, «riskante» Sexualpraktiken

zu meiden usw. Jugendzeitschriften empfehlen jungen Leuten, erst einmal drei Monate ohne Geschlechtsverkehr auszukommen, dann «den Test» zu machen und erst danach, vorausgesetzt keiner von beiden hat den Virus, miteinander ins Bett zu gehen – eine moderne Form der inzwischen aus der Mode gekommenen «Verlobung». Ähnlich zielen etliche feministische Vorschläge zur Verhütung sexuellen Mißbrauchs, die auf weniger sexuelle Aufklärung, weniger Offenheit im Umgang zwischen Erwachsenen und Kindern. So wird, um nur ein Beispiel zu nennen, in einem von Beratungsstellen für Mädchen verteilten Blättchen zum Thema allen Ernstes erklärt: «Ein Kind wird sexuell mißbraucht, wenn ...ein Erwachsener dem Kind seine Genitalien zeigt oder ihm sexuelle Aktivitäten Erwachsener vorführt.»

Da heißt es jetzt also wieder, den Bademantel oder die Unterhose anzuziehen, wenn man/frau durch die Wohnung läuft, und auf jeden Fall aufzupassen, daß die Tür immer abgeschlossen ist, wenn die Eltern miteinander schlafen (und Schlüsselloch zukleben). Sonst ist es Mißbrauch.

Am Beginn der Diskussion um den «sexuellen Mißbrauch» war ich einmal zu einer Diskussionsveranstaltung der Gewerkschaft Erziehung und Wissenschaft geladen. In der Vorbereitungsrunde hörte ich, daß viele Lehrer inzwischen wieder Angst vor Mißverständnissen haben, wenn sie insbesondere mit Schülerinnen offen und frei über Sexualität reden. Sie befürchten, Mädchen womöglich mit einem Wissen auszustatten, das sie in «Abenteuer» geraten läßt, die sie nicht überschauen können. Insgesamt stellte ich eine Tendenz: «Hände weg vom Thema Sexualität» fest. Wie Aids der ehelichen Treue zu neuem Aufschwung verholfen hat, hätte damit die Diskussion um den «sexuellen Mißbrauch» einen jahrzehntelangen Traum konservativer Eltern Wirklichkeit werden lassen: das Ende der Sexualerziehung an den Schulen.

Weniger Sexualaufklärung ist natürlich die falsche Konsequenz. Der beste Schutz dagegen, daß Kindern, Mädchen Sexualität aufgezwungen wird, die sie nicht wollen, ist ein umfassendes Wissen. Und nicht nur das. Die sogenannte sachliche Information über biologische Vorgänge – und darauf beschränkt sich Sexualerziehung an den Schulen leider noch viel zu oft – reicht nicht aus. Ein Mädchen muß nicht nur wissen, was in seinem Körper vorgeht, was Geschlechtsverkehr ist. Mädchen und jungen Frauen muß ein sexuelles Selbstbewußt-

sein vermittelt werden, nach dem es für sie unumstößlich ist, daß ihr Körper ihnen gehört und nur sie entscheiden, ob, wann und wie sie mit einem Partner oder einer Partnerin zusammen Lust empfinden wollen. So ein «sexuelles Selbstbewußtsein» schützt noch nicht davor, im Hausflur, im Park von einem Fremden angegriffen zu werden. Es erschwert aber dem Stiefvater, dem Onkel mit ihren Wünschen zum Zuge zu kommen. Die sind nämlich die Nutznießer einer nichtoffenen Sexualerziehung. Nicht umsonst wird vielen Mädchen, die mißbraucht worden sind, gesagt, sie müßten nun über das «süße Geheimnis» Stillschweigen bewahren.

Genausowenig wie die Angst vor dem «sexuellen Mißbrauch» eine Abkehr von der Sexualerziehung begründen kann, sollte diese Angst dazu verleiten, zwecks «Vermeidung von Mißverständnissen» oder unter der Parole: «Wehret den Anfängen» den zärtlichen Umgang zwischen Erwachsenen und Kindern einzuschränken, z.B. zwischen Vater und Tochter. Ich habe oben Reinhart Wolff mit der Feststellung zitiert, daß Generationen blind gemacht worden sind gegenüber der Gewalt an Kindern. Da wurde erzogen nach dem Motto: «Gelobt sei, was hart macht.» Erst in den vergangenen zwei Jahrzehnten hat sich etwas stärker die Vorstellung verbreitet, daß man mit Kindern auch liebevoll und zärtlich umgehen kann. Das sollte im Zeichen der Diskussion um «sexuellen Mißbrauch» nicht zunichte gemacht werden. Männer haben über lange Zeit ihre Töchter als «Menschen zweiter Klasse» mißachtet. Wenn jetzt einige gelernt haben, sie liebzuhaben, sollten sie es auch zeigen. Franziska, die große Tochter meines Freundes Paul, kuschelt gern mit ihrem Vater oder geht mit ihm in die Badewanne; ich kenne etliche Familien, in denen es genauso ist. Und es geht auch nicht an, daß der Erzieher im Kindergarten, der ein sechsjähriges Mädchen auf den Schoß nimmt und tröstet, schief angesehen wird.

Nun wird man mich fragen, wo ich denn die Grenze ziehe zwischen zärtlichem Umgang und «Mißbrauch». Bisweilen höre ich folgenden Vorschlag: Erlaubt ist jede Zärtlichkeit, die den Wünschen des Kindes entspringt. Strikt verboten ist jede Regung des Erwachsenen, die mit Lust zu tun hat. So einfach ist die Grenze aber nicht zu ziehen. Natürlich empfindet der Vater etwas, wenn er seine Tochter in den Arm nimmt, oder der Erzieher, der ein Mädchen tröstet. Sonst wäre er ja nur ein Gebrauchsgegenstand, eine Tröste- und Knuddelmaschine, aber kein Mensch. Wenn eine Grenze zu ziehen ist, dann sicherlich

dort, wo der Erwachsene bestimmen will oder bestimmt, welche Zärtlichkeiten ausgetauscht werden, und dort, wo es um die Praktizierung der klassischen Erwachsenensexualität geht. Gerade dazu fand ich ein Beispiel in einem Artikel, den die «Kommune 2», eine Lebensgemeinschaft von mehreren Erwachsenen und zwei Kindern, die andere Formen des Zusammenlebens als in den herkömmlichen Familien ausprobieren wollten, 1968 verfaßte und der später immer wieder in der sexualpädagogischen Diskussion zitiert worden ist. Es geht dabei um den Versuch des Erwachsenen Eberhard, die vierjährige Grischa ins Bett zu bringen:

«Grischa sagt, sie braucht keine Decke zum Einschlafen. Außerdem soll ich nicht die Augen zumachen. Dann will sie mich streicheln, Hände und Gesicht. Ich darf sie erst streicheln, wenn sie gestreichelt hat, dann auch nur kurz. Zum Bauchstreicheln muß ich mein Hemd hochziehen. Ich liege auf dem Rücken. Grischa streichelt meinen Bauch, wobei sie meine rausstehenden Rippen als Brüste versteht. Ich erkläre ihr, daß das Rippen sind, ich nur eine flache Brust und Brustwarzen habe. Wir unterhalten uns über die Brust von Mädchen, wenn sie älter sind. Dann will sie meinen ‹Popo› streicheln. Ich muß mich umdrehen. Sie zieht mir die Unterhose runter und streichelt meinen Popo. Als ich mich wieder umdrehe, um den ihren wie gewünscht zu streicheln, konzentriert sich ihr Interesse sofort auf ‹Penis›. Sie streichelt ihn und will ihn zumachen (Vorhaut über die Eichel ziehen), bis ich ganz erregt bin und mein Pimmel steif wird. Sie strahlt und streichelt ein paar Minuten lang mit Kommentaren wie ‹Streicheln! Guck ma Penis! Groß! Ma ssumachen! Mach ma klein!› Dabei kniet sie neben mir, lacht und bewegt vom ganzen Körper nur die Hände. Ich versuche ein paarmal, sie zaghaft auf ihre Vagina anzusprechen, sage, daß ich sie auch gern streicheln würde, wodurch sie sich aber nicht unterbrechen läßt. Dann kommt doch eine ‹Reaktion›: Sie packt meinen Pimmel mit der ganzen linken Hand, will sich die Strumpfhose runterziehen und sagt: ‹Ma reinstecken.›Ich hatte zwar sowas erwartet (...), war aber dann doch so gehemmt, daß ich schnell sagte, er sei doch wohl zu groß. Darauf gibt Grischa sofort ihre Idee auf, läßt sich aber die Vagina sehr zurückhaltend streicheln. Dann holt sie einen Spiegel, in dem sie sich meinen Pimmel und ihre Vagina immer wieder besieht.
Nach erneutem Streicheln und Zumach-Versuchen kommt wieder der Wunsch ‹Reinstecken›, diesmal energischer als vorher. Ich: ‹Versuch's

mal!› Sie hält meinen Pimmel an ihre Vagina und stellt dann resigniert fest: ‹Zu groß.›» (Kommune 2, 1975, S. 92)

Eberhard hatte sicherlich nicht das Bedürfnis, mit Grischa zu schlafen. Im Gegenteil. Er hat nur nicht mit Panik auf Grischas Wünsche reagiert. Der Erfolg gibt ihm recht: Für das Mädchen wurde deutlich, daß sie nicht mit einem erwachsenen Mann Geschlechtsverkehr durchführen kann. Gleichwohl stand er damit mit einem Bein im Gefängnis, denn in gewissem Sinn hat er, wie das Gesetz es formuliert, an sich von einem Kind «eine sexuelle Handlung» vollziehen lassen.

Einmischung tut not

Der Kinderschutzbund führte einmal ein Experiment durch: In einer Parterrewohnung in einer belebten Straße wurde ein Tonband mit den Schreien eines Kindes und eines prügelnden Vaters abgespielt. Innerhalb einer Stunde gingen 989 Passanten an dem Haus vorbei. Nur vier Menschen alarmierten die Polizei. Nur drei Menschen klingelten an der Wohnungstür und wollten eingreifen. Der Rest 982 Passanten reagierte nicht (*Frankfurter Rundschau* vom 16.9.83).

Wenn Kinder auf der Straße von ihren Eltern oder anderen Erwachsenen geschlagen werden, sehen viele achtlos weg, genauso wenn in der Nachbarwohnung ein Kind geprügelt wird. Das sind «Privatangelegenheiten» anderer Leute, in die man sich nicht einmischen will. So verhalten sich viele auch gegenüber den Anzeichen, daß ein Kind aus der Nachbarschaft, dem Bekanntenkreis sexuell mißbraucht wird.

Das Kind bleibt dabei auf der Strecke. Es ist der Macht der Erwachsenen ausgeliefert und kann sich im Regelfall nicht dagegen wehren, wenn ihm nicht andere Erwachsene zur Hilfe kommen. Ich habe es mir zum Grundsatz gemacht, Eltern, die auf der Straße ihre Kinder schlagen, anzusprechen. Die Reaktionen sind sehr unterschiedlich: Einige pöbeln mich an und erklären, mich ginge es überhaupt nichts an, wenn sie ihr Kind schlagen. Andere werden nachdenklich und suchen nach Entschuldigungen. Manchmal gibt es dann auch einen Menschenauflauf, und «Volkes Stimme» gibt seine Kommentare zum Thema «Prügeln» ab.

Diese Einmischung hat nichts mit Schnüffelei zu tun: Ich renne nicht durchs Haus und lausche an Türen oder sitze mit dem Feldstecher am Fenster, um den Nachbarn durch die Gardinen zu schauen. Ich nehme nur wahr, wenn ein Kind unglücklich oder gar mit blauen Flecken durch die Gegend läuft. Im Hinblick auf «sexuellen Mißbrauch» wird berichtet, daß viele Personen, die solche Anzeichen eigentlich wahrnehmen müßten (Lehrer z.B. oder Ärzte), offenkundig wegsehen oder sie nicht erkennen. Wenn Sie meinen, ein Kind aus Ihrem Umkreis könnte Opfer von Kindesmißhandlung oder sexueller Gewalt (die sich, wie erwähnt, über Jahre erstrecken kann) sein, müssen Sie das Gespräch suchen, dem Verdacht nachgehen. Wenn Sie unsicher sind, können Sie sich an den Kinderschutzbund, den es in jeder größeren Stadt gibt, wenden, an «Kindersorgentelefone», die Ihnen Vorschläge für das weitere Vorgehen machen werden.

Und was ist, wenn Ihr eigenes Kind Ihnen erzählt, jemand habe etwas mit ihm gemacht, was nach sexuellem Mißbrauch aussieht. Dann sollten Sie den Bericht ernst nehmen. Natürlich könnte mit Ihrem Kind die Phantasie durchgegangen sein. Das ist aber leider selten der Fall. Vorwürfe, z.B. «Wie konntest du?», sind dann völlig unangebracht, Ihre Tochter braucht dann Ihre ganze Zuneigung und Hilfe. Sie ist die einzige, auf die Sie Rücksicht nehmen sollten; falsche Rücksichtnahme auf den belasteten Erwachsenen, sei es Ihr Bruder oder ein naher Bekannter, ist fehl am Platz. Wenn Sie unsicher sind, wie Sie reagieren sollen, suchen Sie sich Hilfe. Paul ist mit seiner Tochter zum Arzt und zum Rechtsanwalt gegangen, für die Beratung in solchen Fällen zu ihrer beruflichen Aufgabe gehört. Sie können aber auch die obengenannten Beratungsstellen in Anspruch nehmen; weitere Adressen finden Sie in den zahlreichen Büchern, die inzwischen zum Thema erschienen sind.

Kapitel 10

Aids oder die Abschaffung der Blutsbrüderschaft

Bei der Planung dieses Buches hatte ich mir eigentlich vorgenommen, die Meinung zu vertreten, Aids sei kein Thema, wenn es um Sexualität und Kinder geht. Nicht, daß Aids etwa ein Tabuthema für mich wäre – ganz im Gegenteil. Ich bin mit der an Hysterie grenzenden «Aufklärungskampagne» in den Medien nicht einverstanden. Mit der Grausamkeit dieser Krankheit wird den Menschen Angst gemacht. Sie sollen wieder treu sein, sich vor wechselnden Geschlechtspartnern hüten genauso wie vor «riskanten Sexualpraktiken». Dazu habe ich im Zusammenhang mit dem Thema «sexueller Mißbrauch» schon etwas gesagt. Leuten, denen der «Verfall der Sexualmoral» schon immer ein Dorn im Auge war, müssen Aids als ein willkommenes Geschenk betrachten, einige reden ja auch vom warnenden Fingerzeig Gottes an die verderbte Menschheit.

Nun ist Aids tatsächlich wohl nicht vom Himmel gefallen. Über die Entstehung der Krankheit gibt es die verschiedensten Theorien und Annahmen. Einmal heißt es, der Erreger der Krankheit – Aids wird durch einen Virus hervorgerufen, wie z.B. auch etliche andere Krankheiten – sei von einer Affenart in Zentralafrika auf Menschen übertragen worden. Motto: Wenn die Neger es mit den Affen treiben, stürzen

sie die Menschheit ins Unglück. Diese These kann nun auch als widerlegt gelten. Andere Spekulationen vermuten, daß das Virus mehr oder weniger beabsichtigt im Rahmen von Kriegsforschung oder in einem Genlabor freigesetzt worden ist. Angesichts der Tatsache, daß viele «Gentechniker» sehr zweifelhafte Menschheitsbeglücker sind, die meinen, daß man Verhalten, das nicht in die Gesellschaft «paßt», am besten ausschaltet, und angesichts der Verrücktheit, mit der immer noch an der Entwicklung neuer «biologischer Waffen» gearbeitet wird, wäre ein solcher Entstehungszusammenhang der Krankheit nicht unbedingt eine Überraschung. Bisweilen habe ich den Eindruck, daß mit der Aids-«Aufklärung» auch von der Frage abgelenkt wird, wo die Krankheit herkommt.

Aids ist als Krankheit zur Zeit nicht heilbar. Aidskranke leben unter uns. Viele Menschen haben vor Aids Angst. Damit läßt sich leider immer noch Politik machen. Besonders der bayerische Innenstaatssekretär Peter Gauweiler hat sich damit einen Namen gemacht. Wenn es nach ihm ginge, würden Aidskranke radikal aus der Gesellschaft ausgegrenzt. Mehr noch: Auch die sogenannten Problemgruppen, also Bevölkerungsgruppen, in denen das Risiko, an Aids zu erkranken, höher ist (z.B. bei Homosexuellen, Drogenabhängigen, Prostituierten), würden auch gleich durch Zwangs-Bluttests o.ä. drangsaliert und in Listen erfaßt. Das alles hilft den Kranken nicht oder den «Problemgruppen». Es befriedigt nur ein gewisses Sicherheits- und Abgrenzungsbedürfnis der verängstigten Normalbürger.

Dieser Unsinn ist offenbar an unseren Kindern nicht spurlos vorbeigegangen, wie mir zwei Erlebnisse aus jüngster Zeit deutlich machten.

Wer Karl May gelesen hat, erinnert sich bestimmt, wie Winnetou und Old Shatterhand ihre Blutsbrüderschaft besiegeln: ein kleiner Schnitt in die Armvenen und dann das Blut vermischen. Seitdem spielen auch Kinder, insbesondere Jungen, «Blutsbrüder», meistens nur mit einem kleinen Piekser in den Finger und zwei Tropfen Blut. Das war jahrzehntelang unproblematisch. Aber vor einem Jahr erzählte mir dann doch mein Nachbar, ein Lehrer, daß er jetzt wegen Aids diese Praxis in der Schule mit den Kindern besprochen und ihnen davon abgeraten habe.

Wenige Monate später, das ist die zweite Erfahrung, konfrontierten mich die Kinder mit einem neuen Schimpfwort aus der Schule: «I, faß mich nicht an, du hast Aids.» Ich befürchtete erst, es handele sich um eine moderne Varinate des alten Spiels: «I, geh weg, du stinkst», mit

dem in meiner Schulzeit Außenseiter diskriminiert wurden. Die «Aidsfassung» war dann jedoch weit folgenschwerer: Das «aidsverdächtige» Kind wurde total isoliert, um alle Sachen, die es angefaßt hatte, wurde ein großer Bogen gemacht usw...

Also ist Aids doch ein Thema, zumindest ein pädagogisches.

Wenn Kinder mit solchen krausen Ideen herumlaufen, dann hilft kein Moralisieren nach dem Motto: So etwas tut kind nicht, sondern nur sachliche Aufklärung.

Ich wollte mich informieren und besuchte das Modellprojekt «Aids und Kind» in Hamburg.

Aidserkrankungen bei Kindern

In der Bundesrepublik sind 50 Fälle von an Aids erkrankten Kindern bekannt. Kinder sind in diesem Fall Menschen von Geburt bis zum 19. Lebensjahr. Darüber hinaus weiß man von 300 Kindern, daß sie Träger des Aidsvirus sind oder es sein könnten, weil sie z.B. im Mutterleib mit dem Blut ihrer infizierten Mutter in Berührung gekommen sind. Es ist allerdings damit zu rechnen, daß es noch eine Dunkelziffer gibt: Kinder, bei denen das Virus noch nicht entdeckt worden ist. Insofern wird die Zahl der aidsgefährdeten Kinder auf 600 bis 800 geschätzt. Diese Kinder müssen irgendwie mal mit den Aidsviren in Kontakt gekommen sein. Sie müssen aber selbst gar nicht den Virus haben, sie müssen nicht an Aids erkranken, sie müssen nicht infiziert sein, sie müssen nicht Überträger sein. Zur Zeit wird davon ausgegangen, daß wahrscheinlich 30 % tatsächlich infiziert sind.

Die Gesetzmäßigkeit des unterschiedlichen Verlaufs dieser Erkrankung bei Kindern ist bis heute nicht bekannt. In Berührung gekommen mit dem Virus sind von den infizierten Kindern etwa 50 % während der Schwangerschaft, zu 50 % über Blut. Die Fachleute schätzen, daß dabei in acht von zehn Fällen die Mütter intravenös drogenabhängig sind, d.h. sich Heroin oder anderes in Venen spritzen; die anderen Mütter sind über Bluttransfusionen oder Geschlechtsverkehr selbst Virusträger geworden. Die gängigste Methode zur Erkenntnis einer Infektion besteht heute noch darin, daß nicht das Aidsvirus selbst im Blut nachgewiesen wird, sondern dagegen gebilde-

te Antiköper. Werden bei den Kindern diese Antikörper im Blut festgestellt, so läßt sich bis etwa zum 2. Lebensjahr nicht genau feststellen,
ob sie auch wirklich Virusträger sind. Diese Kinder gelten dann als
aidsgefährdet.

Wenn Sie nun die Befürchtung haben, daß Ihr Kind während Ihrer
Schwangerschaft mit den Aidsviren in Kontakt gekommen ist oder Sie
als aidsinfizierte Frau schwanger werden wollen oder sind oder wenn
Sie vor dem pädagogischen Problem stehen, wann sage ich es meinem
Kind, daß es Aidsantikörper hat oder gar infiziert ist, so wenden Sie
sich an die Mitarbeiter von «Aids und Kinder». Hier werden Sie eine
individuelle und vertrauliche Beratung finden.

Von Gundula aus dem Modellprojekt «Aids und Kind» wollte ich
nun aber Genaueres über die Ansteckungsgefahr für gesunde Kinder
erfahren.

*Heidi : Wie bekommen Kinder Aids? Kann ein an Aids erkranktes Kind
andere Kinder anstecken?*

Gundula: Einige Kinder haben Aids durch Blut oder Blutprodukte
bekommen. Auf Grund von Überprüfungen ist das heute kaum noch
möglich. Mütter, die mit Aidsviren infiziert sind, können möglicherweise während der Schwangerschaft oder bei der Geburt an ihr Kind
die Viren weitergeben. Es sind keine Fälle definitiv nachgewiesen, in
denen sich kleine Kinder Aids oder eine Aidsvirus-Infektion durch
andere Kinder zugezogen haben.

Kann Aids beim Spielen übertragen werden?

Nein. Ich mache Beratung auch in Kindertagesstätten, und da wird
dann gefragt, können Kinder sich noch gemeinsam die Zähne putzen?
Ja, selbstverständlich, sage ich dann. Es ist bislang niemals eine Über-
tragung auf Grund von Kontakt mit Kleidung, Essen,Geschirr, Be-
stekken, Spielzeug oder Klositzen nachgewiesen worden. Auch nicht
durch Ankauen von Bleistiften. Ein an Aids erkranktes oder infizier-
tes Kind ist im Kindergarten kein Problem für die anderen. Durch
Atmen, Berühren, Husten und Toben haben sich noch keine Kinder
infiziert.

Aber wie ist es mit Beißen?

Vielleicht reicht dir ein Beispiel : In den USA sind weit mehr Kinder
an Aids erkrankt oder aidsinfiziert als hier; trotzdem gab es in Fami-

lien, in denen Kinder mit einem Bruder oder einer Schwester mit Aids gespielt, gegessen, geschlafen, sich geküßt oder gebalgt haben, keinen einzigen Übertragungsfall zwischen den Kindern oder Kind und Erwachsenen.

Was ist, wenn ein aidsinfiziertes Kind im Kindergarten sich verletzt und stark blutet. Können sich da die anderen Kinder anstecken?

Nein es gibt kein Risiko für die anderen Kinder, vorausgesetzt es werden die allgemein üblichen hygienischen Maßnahmen erfüllt, z.B. müssen größere Wunden sofort abgedeckt werden. Es sei denn, ein anderes Kind hat auch eine stark blutende Wunde, und die Kinder versuchen Blutsbrüderschaft mittels zweier stark blutender Wunden zu machen. Aber das ist ja wohl fast ausgeschlossen.

Wie ist es mit Blutsbrüderschaft sonst. Beim Indianerspielen ist es gerade unter Jungen noch ein Ritual.

Laß die Kinder spielen. Die Wahrscheinlichkeit, daß ein an Aids erkranktes oder aidsinfiziertes Kind mit einem anderen Kind «Blutsbrüderschaft» schließt, ist wohl fast ausgeschlossen. Und wenn rein rechnerisch eine geringe Wahrscheinlichkeit besteht, so ist immer noch die Frage, ob sich das Kind ansteckt.

Du machst Beratung von Kolleg(inn)en in Kindertagesstätten. Sind dir da Fälle bekannt, daß mit Aids infizierte, gefährdete oder erkrankte Kinder das Tagesheim besuchen? Wirft das besondere pädagogische Probleme auf?

Immer wieder weise ich darauf hin, daß die Erzieher(innen) einer Schweigepflicht unterliegen. Nur mit dem ausdrücklichen Einverständnis der Eltern darf die Erzieherin ihr Wissen weitergeben. Die Eltern eines an Aids erkrankten Kindes sind nicht einmal verpflichtet, diese Erkrankung im Kindergarten oder in der Schule bekanntzugeben.

Wie kann ich mein Kind vor Aids schützen?

Besondere Vorsichtsmaßnahmen sind nicht erforderlich. Ich möchte andererseits aber noch mal sagen, daß mich die Frage nach der Ansteckungsmöglichkeit, so berechtigt sie einerseits auch erscheint, ziemlich nervt. Es ist für mich, und darauf weise ich auch immer wieder bei meinen Besuchen in Kindergärten hin, viel wichtiger, die Frage zu

erörtern, wie gehen wir als soziale Einrichtung damit um, ein aidsgefährdetes Kind in der Gemeinschaft zu betreuen? Jeder wird sich dann die Frage stellen müssen, wie geht es Kindern und ihren Familien, die betroffen sind? Wie kann ich die Entstehung von Vorurteilen verhindern bzw. bestehende abbauen?

Es wird dann dabei um das Hauptthema Sexualerziehung gehen. Die Frage der Ansteckungsmöglichkeiten wird dabei immer mehr in den Hintergrund treten, und letztlich werden die Kollegen im Kindergarten und in der Schule, die Eltern und auch die Kinder erkennen müssen, daß es sich hier um ein gesellschaftliches Problem handelt. Schließlich ist es inhuman, heute etwa 600 Kinder vom gesellschaftlichen Leben auszuschließen.

Kapitel 11

Was Sie noch nicht über Sex wußten, aber unbedingt Ihrem Kind sagen sollten

Am Ende dieses Buches hoffe ich, Sie zu einem offenen Umgang mit ihren Kindern in sexuellen Fragen angeregt und ermuntert zu haben. Gleichwohl wird Ihnen vielleicht gelegentlich das sachliche Wissen fehlen. Auch ich habe feststellen müssen, daß man in diesen Dingen nie auslernt. Deswegen erscheinen mir zum Schluß einige Hinweise auf sensationelle neue Erkenntnisse angebracht, die Ihr Kind, soweit es nicht seit zehn Jahren die *Bild*-Zeitung oder ähnliches liest, sich noch nicht angeeignet hat, aber unbedingt wissen muß.

Ihre Tochter z.B. sollten sie unbedingt auf eine alarmierende Entwicklung hinweisen: «Neuer Sex. Jeder 2. Mann bringt es nicht» (*Bild*, 20.4.1982). Die Ursachen sind vielfältig. So versagte ein erst 35 Jahre alter Bankkaufmann bei der attraktiven Kollegin. Die Gründe analysiert Sexualtherapeut Wawerzonnek: «Er hatte in der Firma den Supermann markiert und nun Angst, zu versagen. Hinzu kamen Minderwertigkeitskomplexe, weil er einen dicken Bauch hatte.» Also, liebe Eltern: Achten sie bei Ihrem Sohn auf jeden Fall auf die schlanke Linie.

Vielleicht ist aber gerade das Versagen der Männer für Ihre Tochter von Vorteil. Denn: «Frauen: Früher Sex Krebs» (*Bild*, 19.2.1985).

Professor Bettendorf aus Wiesbaden hat festgestellt, daß Mädchen, die zu früh sexuelle Kontakt haben, eher am Gebärmutterhalskrebs erkranken. Noch scheint das unsere Töchter aber nicht zu schrecken: «Mit 16 sind viele Mädchen nicht mehr Jungfrau» (*Bild*, 15. 9. 1982) und, was das Schlimme ist: «Die meisten Mütter (53 Prozent) ahnen nichts davon...» (ebd.). Also seien sie schön wachsam. Kontrollieren Sie z.B., wofür sich ihr Kind einen Krankenschein ausfüllen läßt. Denn ein Arzt darf es heute. Nicht mit ihrer Tochter Liebe machen, aber: «Ohne Eltern zu fragen? Pille mit 14» (*Bild*, 29. 3.1983) Verhütungsmittel verschreiben. Und Sie wissen dann nicht, daß Töchterchen die ungesunden Hormone schluckt. Die sind nicht nur von Nachteil für den Körper, sondern auch für die Seele: «Mit 14 mögen die Mädchen körperlich reif sein; geistig sind sie es noch nicht. Intimbeziehungen in diesem Alter führen oft zu heftigem Liebeskummer, ja zu Selbstmordversuchen; die Mädchen nehmen also seelisch Schaden» (Christa Meves, *Bild*-Kommentar, 29.3. 1983).

Damit sind wir bei den gesundheitlichen Auswirkungen von Sex, über die Sie Ihre Kinder keinesfalls im unklaren lassen sollten. Sex gefährdet Ihre Gesundheit, das fanden jüngst erst wieder französische Ärzte heraus: «Gefährdet sind vor allem Büroangestellte» (*Bild*, 1.11.1989). Die Palette der möglichen körperlichen Schäden ist breit: «Schlaganfall und Kreislauf-Attacken. Häufig auch: Hexenschuß, Epilepsie und kurzzeitiger Gedächtnisverlust» (ebd.). Dann gibt es noch den «gutartigen koitalen Kopfschmerz» und die «Lähmung der Liebenden» (*Hamburger Abendblatt*, 1.11.1989) oder, wie «Jacques (27), Kfz-Mechaniker aus Lyon» berichtet: «Sie drückte mich so stark, daß ich ohnmächtig wurde» (*Bild*, 1.11.89). Wen wundert es, daß dann der Spaß auch zum tödlichen Ende führen kann. «Typische Todesfälle: Der Bürgermeister von Kreuth, der 1986 in einem Sexclub am Herzinfarkt starb. Der Bischof von Montauban erlag 1975 in einem Pariser Bordell einem Schlaganfall» (ebd.). 1978 starb ein rüstiger Herr von 87 Jahren beim Ansehen des Films «Emmanuelle II» an einem Herzinfarkt (*Bild*, 6.2.1978). Vielleicht lag es daran, daß er nur zusah und selbst zu wenig Sex praktizierte.

Denn: Sex fördert und erhält Ihre Gesundheit. Beispiel Herzinfarkt: «Liebe ist auch gut fürs Herz» (*Bild*, 1.2.1978), man kann fast sagen «Sex macht gesund» (*Bild*, 14.1.1983), Herzinfarktpatienten kommen schneller auf die Beine, Sex kann «auch nicht zu einem neuen Infarkt führen». Allgemeine Regel: «Wer nach einem Infarkt Treppen

steigen kann, sollte auch nicht auf Sex verzichten», selbst wenn der achtzigste Geburtstag schon länger zurückliegt, empfiehlt der britische Altersforscher Prof. Kellet (*Hamburger Abendblatt*, 14. 6. 1989).

Aber nicht nur dem Herzen tut es gut: «Sex hilft gegen Gichtschmerzen» (*Bild*, 11. 9. 1979), wie die Ärztin Jessie Potter in Chicago erklärt haben soll. «Bei einem Gichtanfall und bei akuter Gelenkentzündung ist Sex das beste Heilmittel. Die Schmerzen verschwinden für vier bis sechs Stunden» (ebd.). Ihre Kinder werden sich im fortgeschrittenen Alter sicher gern dieser Information erinnern. Auch die negativen Wirkungen des Alkoholkonsums werden abgemildert: «Wer viel trinkt, braucht mehr Sex» (*Bild*, 30.9.1981). Die Erklärung ist völlig logisch: Alkohol vermindert den Blutzustrom in die Geschlechtsorgane. «Durch sexuelles Training» kann dem Mann geholfen werden. Aber nicht nur dem Mann, auch der Frau: «Ursula Andress: ‹Sex macht mich schlank›» (*Hamburger Morgenpost*, Datum unbekannt). Wen wundert es da, daß Frauen auf «Mehr Sex nach Fettsucht-Operation» stehen, wie zwei US-Psychiater folgerten, nachdem sie 14 Frauen interviewt hatten (*Spiegel*, 14. 8. 1978). Und auch für die Kinder ist Sex der Eltern nur von Vorteil: «Mehr Sex – gesunde Kinder» (*Bild*, 20. 11. 1978). Dr. Moscati hat in Brasilien festgestellt, daß die «von ihm untersuchten Mütter mit kranken Kindern ... fast alle seltener als einmal pro Woche Geschlechtsverkehr, die Mutter von gesunden Kindern dagegen häufiger» hatten (ebd.). Also, wenn bei ihrem Jüngsten die Nase tropft, nicht zu den Nasentropfen, sondern zum Partner greifen. Einschränkend sei bemerkt, daß das für die Gesundheit ungeborener Kinder nicht gilt: «Orgasmus bei Schwangeren für das Baby gefährlich?» (*Bild*, 8. 6. 1978)

Kurzum: «Sex ist viel gesünder als Sport» (*Hamburger Morgenpost*, 1. 12. 1977), für Sportler kann er sogar leistungsfördernd sein, wie Golf-Profi Bernhard Langer gesteht: «Sex läßt mich im Golf den Streß durchstehen» (*Hamburger Morgenpost*, 24. 10. 1985). Seitdem er es, wohldosiert versteht sich, mit Ehefrau Vicky macht, sind die «geheimnisvollen Muskelkrämpfe» verschwunden und der Golfarm schlägt wieder kräftig zu. Ärgern Sie sich also nicht, wenn in der Schule der Sportunterricht ausfällt. Das wird durch den Sexualkundeunterricht mehr als ausgeglichen. Obwohl da auch einiges nicht stimmt: «Sexualkundeunterricht falsch: Immer mehr Schülerinnen kriegen Babies» (*Bild*, 10. 9. 1982). Da kann man nur sagen: Immer diese Mißverständnisse. Theorie ist Theorie, und Praxis kriegen wir später.

Wenn wir schon in der Schule sind. Sex macht nicht nur gesund. Nein: «Forscher: Viel Sex macht klug» (*Bild*, 15.2.1978). In Puerto Rico wurde am Beispiel von Studenten klar erwiesen: «Diejenigen, die verheiratet waren oder regelmäßig mit ihrer Freundin schliefen, hatten um 20 Prozent bessere Noten...», ja «der Intelligenzquotient eines Menschen ... kann durch regelmäßige Liebe um etwa zehn Prozent gesteigert werden» (*Bild*, 3.11.1982). Also wenn Ihr Kind in der Schule nicht so recht mitkommt: Nicht Büffeln hilft, sondern Liebe. Und wenn es bei Ihnen selbst auch mal nicht so läuft mit den grauen Gehirnzellen, dann ...

Aber nichts übertreiben, auch mal etwas ausspannen vom Sex: «8 Tage Sexpause, dann macht's wieder mehr Spaß», stellte das in diesen Fragen als absolute Kapazität zu betrachtende Ehe- und Familienzentrum der Diözese Feldkirch fest. Paare, die, wie vom Papst erlaubt, während der «fruchtbaren Tage» auf Sex verzichteten, hatten hinterher viel mehr Lust, es gab eine «knisternde Spannung» (*Bild*, 21.9. 1982). Für den Fall, daß die sich nicht einstellen will, versprach *Bild* schon 1973 baldige Erlösung aus England: «Liebespille für Frauen rettet Ehen» (23.11.1973): «Wenn eine Frau die kleine Pille auf der Zunge zergehen läßt, bekommt sie sexuelle Phantasie...» Mein Apotheker hatte die Dinger aber nicht im Angebot. Er will danach suchen.

Sex – Fluch oder Segen der Menschheit? Die Frage scheint beantwortet. Sagen Sie es Ihrem Kind und nehmen Sie es sich selbst zu Herzen.

Literatur

Adorno, Theodor W.: Erziehung zur Mündigkeit. Frankfurt/Main, 1982

ders.: Studien zum autoritären Charakter. Frankfurt/Main, 1973

Amendt, Günter: Zur sexualpolitischen Entwicklung nach der antiautoritären Schüler- und Studentenbewegung, in: Gamm, Hans-Jochen/Koch, Friedrich, Hg., Bilanz der Sexualpädagogik, S. 17 ff., Frankfurt, 1977

Arbeitsgruppe Kinderschutz: Gewalt gegen Kinder. Kindesmißhandlungen und ihre Ursachen. Reinbek, 1975

Autorenkollektiv: Berliner Kinderläden. Antiautoritäre Erziehung und sozialistischer Kampf. Köln, 1970

Belotti, Elana Gianini: Was geschieht mit kleinen Mädchen. 13. Auflage, München, 1985

Borneman, Ernest: Das Geschlechtsleben des Kindes. Beiträge zur Kinderanalyse und Sexualpädologie. München, 1988

ders.: Weil Onanie schadet, in: Spontan, Heft 10/1978, S. 46 ff.

ders.: Wir machen keinen langen Mist. Frankfurt/Main, 1981

ders.: Lexikon der Sexualität. Hersching, 1984

ders.: Sex im Volksmund. Herrsching, 1984

Broderick, Carlfred: Kinder- und Jugendsexualität: Reinbek, 1970

Dahrendorf, Malte: Das Mädchenbuch und seine Leserin. Weinheim, 1978

Dalichow, Irene: Sanfte Massagen für Babys, Kinder und Eltern. Liebe, die durch die Haut geht. Reinbek, 1989

Duden: Rechtschreibung. Mannheim, 19. Auflage, 1986

Eichner, Klaus; Habermehl, Werner: Der RALF-Report. Das Sexualverhalten der Deutschen. Hamburg, 1978

Freud, Sigmund: Abriß der Psychoanalyse. Das Unbehagen in der Kultur. Frankfurt, 1969

Friebel, Sabine und Volker: Entspannung für Kinder. Übungen zur Konzentration und gegen Ängste. Reinbek, 1989

Hagemann-White, Carol: Sozialisation weiblich – männlich. Opladen, 1984

Heimannsberg, Brigitte: Das machen wir, um Euch zu ärgern, in: Kinder – Bücher – Medien, Zeitschrift des Arbeitskreises Roter Elefant über Bücher und andere Medien, Heft 31, S. 20, 1988 (Bezugsadresse, siehe unten)

Horkheimer, Max: Autorität und Familie. o.O., 1936

ders.: Autorität und Familie in der Gegenwart. o.O., 1960

Kavemann, Barbara; Lohstöter, Ingrid: Väter als Täter. Sexuelle Gewalt gegen Mädchen. Reinbek, 1984

Kentler, Helmut: Eltern lernen Sexualerziehung. Reinbek, 1981

ders.: Sexualerziehung. Reinbek, 1970

ders.: Sexualwesen Mensch: München, 1988

Kinsey, Alfred C.: Das sexuelle Verhalten der Frau. Frankfurt, 1977

ders.: Das sexuelle Verhalten des Mannes. Frankfurt, 1977

Koch, Friedrich: Sexuelle Denunziation. Frankfurt, 1986

Kommune 2: Versuch der Revolutionierung des bürgerlichen Individuums. Reprint (Erstausgabe West-Berlin, 1968), Luxemburg, 1975

Kutzleb, Ulrike; Schmidt, Annelise; Walczak, Leonhard; Weber, Betram: Zeit für Zärtlichkeit. Wuppertal, 1977

Leboyer, Frederick: Sanfte Hände. München, 1979,

Leyrer, Katja: Hilfe, mein Sohn wird ein Macker. Hamburg, 1988

Liederkarren, Student für Europa, Bad Soden, 1981

Liederkiste, Bundverlag, Köln, 1984

Liedersonne, Bundverlag, Köln, 1988

Malinowski, Bronislaw: Das Geschlechtsleben der Wilden in Nordwest-Melanesien. Frankfurt, 1983

Marburger, Helga: Thema Sexualität. Unterrichtseinheiten für die Hauptschule. Weinheim, 1982

Marcuse, Herbert: Versuch über die Befreiung, in: Marcuse, Herbert: Schriften 8. Frankfurt, 1984

Martz, Hannelore: Schmusen macht Spaß. Kinderhaus-Nachrichten 22, Hamburg, 1984 (Bezugsadresse, siehe unten)

Maskus, Rudi: Höchstrichterliche Urteile zur Sexualerziehung in der Schule, in: Kluge, Norbert, Hg.: Handbuch der Sexualpädagogik. Bd. 2, S. 263 ff.

Matthiae, Astrid: Vom pfiffigen Peter und der faden Anna. Frankfurt/Main, 1986

Meinerzhagen, Margitta; Eckardt, Nikolaus: Der Ökoberater für Eltern. Orientierungen und Produktempfehlungen. Reinbek, 1989

Moysich, Jürgen: Alternative Kindertageserziehung. Grenzen und Möglichkeiten. Frankfurt/Main, 1990

Neill, A.S.: Theorie und Praxis der antiautoritären Erziehung. Reinbek, 1969

Ökotest: Ratgeber Kleinkinder. Reinbek, 1988,

Rush, Florence: Das bestgehütete Geheimnis. Sexueller Kindesmißbrauch. West-Berlin, 4. Aufl., 1988

Schaeffer-Hegel, Barbara: Der lange Marsch der Samenzellen. Sexismus in schulischer Aufklärungsliteratur. In: Schule, Heft 17, S. 34 ff., West-Berlin, 1987

Scheu, Ursula: Wir werden nicht als Mädchen geboren – wir werden dazu gemacht. Frankfurt, 1987

Schmidt, Gunter: Das große Der Die Das. Über das Sexuelle. Reinbek, 1969

Schön, Bernhard: 36 J., verh., teilzeitbeschäftigt, Vater eines Sohnes. Reinbek, 1983

Selg, Herbert: Sexualität und Entwicklung, in: Kluge, Norbert, Hg.: Handbuch der Sexualpädagogik. Bd. 1, S. 237 ff., Düsseldorf, 1984

Stat. Bundesamt: Statistisches Jahrbuch für die Bundesrepublik Deutschland. Stuttgart, 1988

Thomasky, Ingrid: Lernziel Zärtlichkeit. Weinheim, 1981

Tügel, Hanne, Hg.: Frauen verändern Vergewaltiger. Frankfurt, 1987

Universität Hamburg: Vorlesungsverzeichnis der Universität Hamburg. Sommersemester 1988

Empfehlenswerte Bücher für Kinder und Jugendliche

Amendt, Günter: Sexfront. Erw. Auflage, Reinbek, 1989

Bolliger, Max; Zavrel, Stepan: Die Kinderbrücke. Zürich, 1979

Brauer, Joachim: Tanja und Fabian. Ein Bilderbuch für 4- bis 8jährige, fotografiert von Herbert Rogge. 2. Auflage, 1980

Claesson, Bent H.: Vom Lieben und vom Kinderkriegen. Sexualinformation für Kinder. Frankfurt, 3. Auflage, 1979,

Dolto-Tolitch, Catherine: Das kleine Schmuse- und Knuddelbuch. Köln, 1989

Fagerström, Grete: Peter, Ida und das Minimum. Ravensburg

Gee, Robyn: Wachsen und Erwachsenwerden. Ravensburg, 1987

Graham, Bob: Eine rote Kuscheldecke. Reinbek, 1988

Krauch, Fränze: Mädchen. München, 3. Auflage, 1989

Kremer-Rosenbecker, Barbara: Das ist noch nichts für dich! Ein Buch für neugierige Kinder. Frankfurt, 1981

Lindgren, Astrid: Ich will auch Geschwister haben. Hamburg, 1979

McBride, Will: Zeig mal! Ein Bilderbuch für Kinder und Eltern, fotografiert und getextet von Will McBride, Erklärungen von Helga Fleischhauer-Hardt, Vorwort von Helmut Kentler. 7. Auflage, Wuppertal, 1986

Nilsson, Lennart: Ein Kind entsteht, Bilddokumentation über die Entwicklung des Lebens im Mutterleib. München, 1984

ders.: So kamst Du auf die Welt. Von der Zeugung zur Geburt. Eine Aufklärung für Kinder mit vielen Fotos. München, 1978

Raddatz, Hilke: Die große Liebe von Bockenheim. Kiel, 1988

Ross, Tony: Polly Pisspot oder: Die Suche nach dem königlichen Nachtgeschirr. Frankfurt/Main, 1986

Schmidt, Waltraut: Badespaß. Ravensburg, 1989

Schweigert, Alfons: Das Badewannen-Buch. Bad Aibling, 1979

Theater Rote Grütze: Darüber spricht man nicht. Ein Spiel vom Liebhaben,

Lusthaben, Kindermachen und Kinderkriegen, vom Schämen und was sonst noch alles vorkommt. München, 6. Auflage, 1984

Tordjman, Gilbert: Wie ist das, wenn man größer wird? Aufklärung für das Alter 6–9. Illustrationen von Catherine de Seabra, Wien, 1988

Venske, Henning: Mäxchen oder wie ein Max entsteht. Ravensburg, 1987

Waechter, F.K.: Anti-Struwwelpeter. Zürich, 1982, Erstausgabe 1970

ders.: Wir können noch viel zusammen machen. Schwäbisch Hall, 1973

Bücher für Kinder und Jugendliche, von denen abzuraten ist

Civardi, Anne: Tonis Töpfchen. o.O., 1988

Furian, Martin: Das Buch vom Liebhaben, mit Zeichnungen von Ingo Heß. Heidelberg, Wiesbaden, 4. Auflage, 1987

Knudsen, Per Holm: Wie Vater und Mutter ein Kind bekommen. Heidelberg, 7. Auflage, 1985

Ich habe etliche Fragen in diesem Buch nicht behandeln können; eine, die mir besonders wichtig ist, ist das Zusammenleben unserer Kinder mit Kindern aus anderen Kulturen, insbesondere türkischen Kindern. Sie treffen dort ganz andere Vorstellungen über Sexualität, über die Rolle der Mädchen an. Für Erwachsene, die sich damit beschäftigen wollen, empfehle ich:

König, Karin: Tschador, Ehre und Kulturkonflikt: Frankfurt, 1987

Mernissi, Fatima, Geschlecht, Ideologie, Islam. München, 1987

Adressen:

Roter Elefant – Arbeitskreis Kinder – Bücher – Medien, c/o Nina Schindler, Yorckstraße 28, 2800 Bremen 1

Kinderhaus e.V. in der Heinrichstraße, Heinrichstraße 14a, 2000 Hamburg 50, Tel.: (040) 43 39 49

Kinder und Aids, Margarethenstraße 41, 2000 Hamburg 36, Tel.: (040) 439 07 65

Mit Kindern leben

Sabine Friedrich/Volker Friebel
Entspannung für Kinder
Übungen zur Konzentration und
gegen Ängste (8563)

Gunhild Grimm/Inga Bodenburg
So werden Kinder sauber
Schwierigkeiten und Erfolge (7895)
Was will das Kind denn bloß?
Kleine Kinder verstehen und ihnen
mehr Erfahrungen ermöglichen (7566)

Tilo Grüttner
Helfen bei Legasthenie
Verstehen und üben (8326)

Rita Haberkorn
Prinzessin, Monster, Astronaut
101 Ideen für Rollenspiele mit
Figuren, Puppen und Kostümen
(8481)
Zwillinge
Handbuch für Eltern, Freunde und
Erzieher (7975)

Regina Hilsberg
Körpergefühl
Die Wurzeln der Kommunikation
zwischen Eltern und Kind (7922)

Margot Jørgensen/Peter Schreiner
Kampfbeziehungen
Wenn Kinder gegen Erwachsene
kämpfen: Erklärungen und Lösungen
(8549)

Eine Auswahl
Verstehen:
den Alltag mit
Kindern
entkrampfen
RATGEBER

Mit
Kindern
leben

ro ro
ro ro

C 2181/3 e

Mit Kindern leben

Caren Adams/Jennifer Fay
Ohne falsche Scham
Wie Sie Ihr Kind vor sexuellem
Mißbrauch schützen können (8498)

Arbeitsgruppe Kinderschutz (Hg.)
Gewalt gegen Kinder
Kindesmißhandlungen und ihre
Ursachen (6934)

Angelika Blume (Hg.)
**Den Umständen entsprechend
optimistisch**
Ratgeber für Eltern chronisch kranker
Kinder (8333)

Tobias Brocher
Wenn Kinder trauern (7950)

Gela Brüggebors
Körperspiele für die Seele
312mal Bewegung, Entspannung,
Energie. Anregung zur Psycho-
motorik (8526)
So spricht mein Kind richtig
Entwicklungen und Störungen beim
Sprechenlernen. Wie Eltern und
Erzieher helfen können (8100)

Cherie Burns
Liebe Stiefmutter
Erfahrungen in einer schwierigen
Rolle. Ratschläge und Hilfen (8360)

Eine Auswahl
Verstehen:
den Alltag mit
Kindern
entkrampfen
RATGEBER

Mit
Kindern
leben

rororo

C 2181/3 d

Mit Kindern leben

Michael Heß
Schritt für Schritt
Von klein auf sicher im Straßenverkehr
(8316)

Helmut Kentler
Eltern lernen Sexualerziehung
(7440)

Manfred Link/Emil Wieczorek
Wenn Kinder Probleme haben
Psychische Störungen verstehen und
wirkungsvoll helfen (8322)

Margitta Meinerzhagen/Nikolaus Eckardt
Der Öko-Berater für Eltern
Orientierungen und Produkt-
empfehlungen (8570)

Karin Mönckemeyer
Wie Kinder Freunde werden (8577)

Eva Mühlbauer-Braun
Erwachsen werden
Wenn Kinder sich aus der Familie
lösen: Probleme und Ratschläge (8348)

Frank Preuß
Geldberater für Eltern
Kindergeld und Stipendien, Steuertips
und Sparmöglichkeiten, Versicherun-
gen und Zuschüsse (8407)

Eine Auswahl
Verstehen:
den Alltag mit
Kindern
entkrampfen
RATGEBER

Mit
Kindern
leben

ro
ro
ro

C 2181/3 f